乱来

增补本

毛尖／著

文汇出版社

陆杰/摄

这本《乱来》所涉及的事物要黑白分明得多,也可笑得多;不是因为分明而可笑,而是因为太过分明而可笑。而那些最可笑的人物,多半都由她的朋友出演,这可以视为爱电影的衍生物,朋友们借此获得了比现实生活更加戏剧性的人生,他们甚至希望自己就有过那样电影式的遭遇,以此和这个绚烂的时代保持平衡。

——孙甘露

序

孙甘露

在那本译名为《见证》的传记里,执笔者伏尔科夫在有关肖斯塔科维奇担惊受怕的记述之外,回忆了时任彼得堡音乐学院院长的格拉祖诺夫的一则轶事;说是若有人找,碰巧这位著有感人至深的小提琴协奏曲的大师不在办公室,打开窗户瞧瞧大街上哪儿围着人看打架的,人群里一定有他的身影。《乱来》里的毛尖,亦有此一好,她对街头巷尾的关注,丝毫不逊于她对电影的研究。说起来,摄影机对准的也不外乎乱糟糟的街头巷尾。

写毛尖很难,研究身世跟不上她那些挖电影的论文,模仿文风学不来她犀利泼辣的杂文时评,给她作序简直是自取其辱。好在这本"乱来"的书,我粗略知道些内中事物的出处,便就手说说它是怎么乱的。

好多年前的某个酷暑,中午时分,上师大通往食堂的水泥路上，走来一群冒汗的教授，陈子善、罗岗、倪文尖、雷启立，以及编外的王为松，华师大的精英半数在场。开的什么会我已经完全忘记，那是初识毛尖，今天这个学生模样的老师兼家长，彼时是一个学生模样的学生，她在尚未回归的香港研究早期黑白电影，和她后来印在陆灏《万象》上的文字彼此班配，在一个素净的黑白世界里行走，虽然那是一个时常颠倒黑白的世界。

这本《乱来》所涉及的事物要黑白分明得多，也可笑得多；不是因为分明而可笑，而是因为太过分明而可笑。而那些最可笑的人物，多半都由她的朋友出演，这可以视为爱电影的衍生物，朋友们借此获得了比现实生活更加戏剧性的人生，他们甚至希望自己就有过那样电影式的遭遇，以此和这个绚烂的时代保持平衡。

本书中，毛尖选取的视角有时候是小区保安式的，她从门房或者某户人家的窗口观察保姆、陆公子、沈爷、宝爷以及宝爷的变体——大宝和小宝；白话叫做她借小区保安的立场观察这个"兵荒马乱"的世界（"兵荒马乱"和后面的"鸡飞狗跳"的描述出自木心的《上海在哪里》），她的立场是平民的，场景通常是喜剧性的，结局多少是悲凉的，你可以感觉到，那双打字的手是愤怒的。这是我们爱毛尖的原因，她为我们代言，说出我们的喜怒哀乐，说出我们这些介乎保安和保姆之间的老百姓的基本处境，说出在通风很差的大楼里用MSN聊天的族群是否真的得以脱离这个"鸡飞狗跳"的世界。

　　当然，在本书更多的文章里，毛尖是个大学老师，就是出席了境内外大量学术会议，同时被部分学生认为是花钱雇来陪伴他们度过上班挣钱前最后时光的那类人。她以历史研究的兴致打量在社会缝隙里喘息的街谈巷议，在冠冕堂皇的高头讲章里发现荒谬可笑之处；她深入浅出地为"张爱玲"运动去魅，同时在普罗大众的辛苦生活里发现简单淳朴之美；她的趣味保证她在影史中勾画出人所未见的线索，并且从不故作高深；她惯常从日常所见着手，见证当下生活中滋生的写作及其价值。她将诗情画意藏匿于谐谑调侃之中，仿佛对自己的聪明才智完全无动于衷。

　　毛尖的文章为随笔写作做出了别开生面的示范，在老朽和幼齿，滥情和冷漠，故作高深和不知所云间提供了感性的道路，在奢谈鲁迅和奢谈时尚之间接触生动坚硬的现实，为活生生的此刻留影，并且梳理出"明日帝国"的夕照。

　　毛尖是个天才率性的作家，知人论世通达晓畅，她风趣的文字甚至使她谈论的世界看上去比实际上要有趣得多，借她的"乱来"我们稍稍厘清杂乱的思绪，借此在"小团圆"中遥想所谓的"倾城之恋"。

2009 年 4 月 1 日

印刻／繁体版　序

聪明如毛尖——

唐诺

　　毛尖非常聪明，眼睛有神有焦点而且相当准确，捕捉得到真的东西；她的表述能力也强，口语和文字的速度都很快，难能的是她的快速并不是那种整块搬来、抽离实人实事实物的自动化概念语言，她进得了也敢于进去紊乱难有结论的碎片般实体世界，肯让自己时时处于某种悬空的很不舒服状态，这使她不像个学院中人（抱歉，我对学院中人有些经验性的偏见）。她有着多余出来而且还多出不少的见识与勇气，比学者勇敢而且有鉴别力，比作家深刻而且讲理。她的书写有清楚的发现、认识、解释企图，不是为着安置自己，随笔书写鬼一样飘忽不定的当下，海峡两岸三地很少人比她好。

　　然而我几次见毛尖本人却是另一种完全不同的光景，大概是因为在场所有人都远比她年长而且豁达吧,毛尖反而会不断显露出木讷笨拙,一整个晚上成为朋友善意调笑的标的,如水流中不断被冲刷的一方石头。这景观其实我太熟了,坐我一旁的朱天心更是,只因为数十年如一日朱天心正是这样在众人笑话晏晏中最显木讷笨拙的那一个,在没必要认真时依然那么认真,以至于其他人总寓教于乐的担心她天真,不免在险恶的世界吃亏上当(偶尔玩笑开到最后还会真气起来,妈的冥顽不灵)——这种挥之不去的严肃,我以为,之所以无法收放自如正因为人的某种信念,或平实来说,来自于你还有真心想相信的东西,成为你必须时时携带、某个既沉重又困惑的生命独特负担,你永远处在防御的极不利位置。格雷安·葛林说这样的困境当然是自找的,是好人的炼狱,只有为数不多的人才这样。

我喜欢事事认真的毛尖,但我更加喜欢期待被说服的毛尖,尽管要说服她并不容易。

舒适的姿态不能这样,放空放松才能让身体柔软,和四周的地形地物嵌合,压力和受力面积大小成反比。我记忆里最舒服的一幕来自东尼·席勒曼的小说《说话的神》,书中的年轻警员吉米·契缉凶夜宿野地,他把沙子弄成和自己身体完全一致的柔软曲线,铺条毯子躺下去,面向着他纳瓦荷族先人的满天神话星斗(银河是亿亿万个灵魂走过的光之脚印集合而成),如史蒂文生的《安魂曲》:"在广阔的星空下面/挖座坟墓让我安眠/我乐于生也乐于死／我的死是出于自愿。"

台北与上海，尽管时间稍有参差，但我们一样处于昆德拉所说时间高速压缩的历史时刻，过往人类用了两百年才堪堪吸纳住承受住的变异，我们只能有二十年甚或更短。对书写者而言，真正的大麻烦还不在于来得快，而是去得快，很多东西既来不及更不堪多看一眼，其中最容易感伤是人的部分，不管你难忘的是恋爱、亲情、友谊或是那种情热少年岁月走下来的望道同谋，连同那几位你一路靠他校正步伐、以为不可能坏去的前辈高人，以至于你连记忆都难免污损非常狼狈（你当时怎么会看重、推介这样货色的人？）。书写当下，尤其第一时间就写，人身也许比过往安全，但思维层面的风险却一路加大，如果你是那种在意是非对错、对自己言语乃至于想法有负责任习惯的人那更糟糕，因此，保持不相信是较好的策略，尽量别用肯定句，别承诺，正面的好话小心不要超过品味的界线，返景入深林，明月来相照，"境界"不仅美好，还是橡皮般最好的时间绝缘体，保护你不受时间的侵害。是的，因信称义的时代大约是不会再回来了，我有理由多疑，我看见我相信我记得已成为全世界最困难的一件事。

但我们，最起码我个人，总对书写一事有更精致的期待，除了不得已必须扮演轰轰作响的推土机，书写者的劳动身姿应该更像个捡拾者、分辨者以及保存者不是吗？

自将磨洗认前期，同样快笔写当下、写每个人都有的他家门口那条巷子，毛尖远比我在台北看的一干人等写得好，一部分可能因为上海自身的缘故，这座苏醒中或正做着什么梦的大城就是有着更丰饶的历史身世和遗留对象，也泼洒得更开（你看过有人当街叫卖窃听器的吗?)。但我仍不以为这是真正关键所在，否则你如何解释小说的书写成果，台北至今仍远远比上海深刻、柔软而且英勇。关键在于书写者，我宁可相信，毛尖的丰饶是因为她把自己置放于一个比较困难的时间位置上，她不甜美的躲入过去，也不傲慢的躲入现在，在这样两种（或者更多）明显无从和解的时间力量拉扯之中，如果有幸不车裂不发疯，练身体一样，书写便有机会变得强壮、元气淋漓而且生动。困难，在书写里一直充满意义。

我便是在这里，认出了毛尖跟我算"同一代人"，有着很相似的某种时间身份——就历史的巨大灾难而言，我们恰恰好是"下一代人"，我们听说的远比身受的多，惟时间以较逼真较直击的面貌显现给我们，我们也还来得及看到人的多种形态尤其更无私更刚强更困惑更伤痕累累等几近人性承受极限的样子，我们于是知道眼前这豁然打开的一切绝不理所当然。毛尖文章里有着一个又一个这样的先人和长者，在讲理的可能范围内，她会收起所有的锋芒，柔和到仿佛回转自己求学启蒙年岁那样传述他们询问他们，把自我限缩到最小。我相信毛尖知道自己在某些识见上已可以越过他们，但这究竟是我一己的不懈之力还是占了他们便宜呢？如此"下一代人"的鲜明记忆和情感会是很沉重的道德负咎，尤其在是非善恶的争辩时刻。但我仍冷血的相信毛尖这样的委曲是对的是好的，来日方长，陌上花开，是非善恶的鉴别必须当下进行但不必一个晚上就完成，它本来就应该是迟滞的、耐心的、周旋的，反复于个体和整体之间有着难以穷尽还难以言喻的丰硕层次。再没有比用三分钟讲完对错更容易的事了，永远站时代的正确面、永远讲不会错的话，我们要这样乏味的人干什么？沙特便是这样状似豪勇其实懦怯无比，硬是把自己从一个极丰富的人变成一个最乏味的人。

现实世界好像有一种完全的成功和失败，社会主义资本主义、芝加哥学派凯恩斯学派，过往我们用成王败寇来说，其实更像今天的流行换季概念。但我们知道，人类思维的成果从没这样戏剧性的全成全败，半点类似的错觉都没有，书写者的工作也不如此进行——葛林在《喜剧演员》书中让主人翁布朗最终成为一个殡葬业者，在这场流血革命后的废墟堆负责收尸体。我们会在现实失败一方的角落里，在不正确一方的角落里，尤其在被淘汰被废弃被讪笑的角落里，看到一些最好的书写者，像托克维尔像屠格涅夫像波赫士，他们深情款款的弯身工作，正因为玉石俱焚，才更需要有人去捡拾回来去分辨去存留。

2010 年 4 月

目 录

001　序　孙甘露
004　聪明如毛尖——　唐诺

014　**说起阿城**
016　酱汁肉和奶油蛋糕
018　偷陆先生的
020　上海流水
022　东写西读
024　青春战胜不了的东西
026　我不做大哥很久了
028　到会的还有，威廉姆斯
030　这小窝头是什么做的
032　羊皮时代
034　芒果街上的小屋
036　杜拉，或说品牌生活
038　癖

040	**民间爱情**
042	今年春节,阴有雨
044	不要穿吊带衫
046	低级趣味
048	记一个难忘的夜晚
050	上海的秋天
052	卖艺上海
054	阮玲玉的字
056	爱森斯坦为什么撒谎
058	芙蓉姐姐
060	楼上的小孩
062	懒
064	相亲
066	乱来
068	茶叶蛋
070	韩剧:人命关天
072	二奶二爷
074	又丢脸了
076	中国制造
078	比富
080	**流行报告:直线和弧线**
082	全民起博
084	民工吃西餐,国学傍大款
086	美死了
088	乐坏了
090	哈根达斯出事了
092	外遇的比例
094	企鹅有毛
096	壮阳报告
098	欧洲的决心
100	让生活更美好
102	消暑
104	沈爷消暑
106	没花头
108	最令人渴望的鸭子
110	恶搞
112	顶个球
114	立伟打人洪峰乞讨
116	不是布什,是牛

118 **赛末点**
120 就怕不乱
122 无名指比食指长
124 枉担了虚名
126 或者恐怖或者搞笑
128 花招
130 鲁迅和大闸蟹
132 过，还是不过
134 发廊姑娘
136 你也签一个吧
138 阿姨的第一次
140 买双丝袜吧
142 儿子
144 回家

146 **晚明的鳖**
148 去年
150 首映
152 没办法了
154 花痴
156 此情可待成追忆
158 菜不好怎么办
160 我先去睡了
162 宴舞
164 回家抱猫去喽
166 他们说我太胖了
168 夏日闲话
170 第一天
172 冬日恋情

174	**在亚洲的天空下**
176	想念毛主席
178	好东西
180	火星文的群众基础
182	中国式道歉
184	YOU
186	超现实
188	钉子户
190	最大的庙
192	变形金刚的道理
194	博物馆娶亲
196	怪谁呢
198	USE CONDOM

200	**海明威和**
202	动物园的大学生
204	闭嘴
206	BMW
208	竟六小时
210	高考
212	留宿异性
214	爱玲和子善
218	男人，女人，女博士
220	为什么不请张爱玲
222	全面回忆（一）
224	全面回忆（二）
226	全面回忆（三）
228	全面回忆（四）

230 **宝爷锻炼身体（小宝之一）**
232 宝爷学英语（小宝之二）
234 宝爷办学（小宝之三）
236 宝爷恋爱（小宝之四）
238 宝爷办报（小宝之五）
240 宝爷吃亏（小宝之六）
242 宝爷遇忠爷（小宝之七）
244 宝爷来到素素家（小宝之八）
246 陆公子外传（一）
248 陆公子外传（二）
250 陈副主席自述一：照相机
252 陈副主席自述二：八十年代
254 陈副主席自述三：小阿姨

256 **世界杯要开始了**
258 我想握住你的手
260 三块七
262 解释越位
264 不看韩国
266 赌球
268 球迷
270 色·球·戒
272 足球比篮球更圆
274 中场休息
276 反对德国
278 四年一次，就在今晚
280 不伪不快乐

282 后记
285 七年

说起阿城

朋友从北京来,还没进门,先结巴上了,说猜猜猜猜这回我见谁谁谁了。她是名门之后,见过的天鹅大象不在少数,基本已达荣辱不惊境界,这么失态还是第一次。

"我和阿城一起吃饭了。"然后,她非常慷慨地向我描述了她的阿城,穿了什么样子的衣裳,讲了什么样子的话,颠倒了什么样子的人。在我不算长的人生里,这个样子听人讲阿城,已经十三次。

朋友看我痴了,同情兼自豪,安慰说,你也用不着这样,迷阿城的人多了去,台湾有个作家,听到阿城的名字,马上得扶住墙。还听说,一阿迷,考验女友的惟一手法就是背诵阿城,而且难度系数逐年升高,活生生把自己逼成了苦涩的同志哥,一个接住他的暗语,说出"蛮好,蛮好,你的棋蛮好"的人,是个有妇之夫。

作家那是没事也惹一身臊的职业,但是阿城天南地北行走,却是余香袅袅。陈村说起阿老,目光离开饭桌上的美女,说这厮各行各业都有饭吃。问孙甘露当代作家谁对你有些影响,美男作家启口NO状,临舌吐出"阿城"。那真是所向披靡的名字,耕者忘其犁,锄者忘其锄,弄得海上最自大的明星作家小宝也心生爱慕,在自己的书店里,把自己的《别拿畜生不当人》和阿城的《威尼斯日记》排排坐放一起,完了,冲两本书一笑,是喜婆把新郎新娘送入洞房的那种笑。

不过,就算入了洞房,阿城也绝不会失身,他讲故事的本事太高强了,直接了《一千零一夜》的衣钵。他被绑架进人间,结果迷倒了人间,千山醉万水摇,自己挥挥衣袖走人。这样的人,说实在,不能算人。也因此,能无视阿城的人总让我们肃然起敬。

有一个学生,当代文学考试,把《棋王》的作者写成了"阿诚",老师扣去两分,他不服气,说,起码写对了一半,应该得一分。老师不怒反笑,奖了他一分,能这样为人间去魅,实在功德无量,或者,这是阿姓城市的边疆。

最近,听说阿城的师傅到上海了,大家压着嗓子传:木心来了!

酱汁肉和奶油蛋糕

陈子善老师最近号召我们读东方蟋蟀,我们就读。陈老师如今就是杜月笙,我们不读没关系,但是出不了门,出门就看到李君维看到"张爱玲的门生",问是谁呀?就丢脸了。

不过,也不怕得罪陈月笙,这个新出土的张派小生,跟张爱玲还是很有距离。当然,这么说,不厚道。本来,现年八十三岁的李先生自己很不愿意别人当他"男版爱玲",张爱玲如火如荼的时候,李先生也没站出来说,我见过张爱玲几次;他回忆张爱玲的文章,也说一是一,不攀附没油烟。可是,有什么办法,他就小了张爱玲两岁,在同一个年代里写作,写的又多是旧上海的大家庭,大家庭里半新不旧的小姐和公子,而且,他自己说了,他崇拜张爱玲,沐浴过"张爱玲的风气"。这不,半个多世纪前的《绅士淑女图》又新瓶旧酒地重新出场了,广告里一直拉扯着张爱玲当解说。

和张爱玲一样,东方蝃蝀也出身世家,但读了他的小说,给我一个感觉,这个世家子弟好像不太食人间烟火,或者就是,对于家世不如他的小说主人公,他想象他们的饭桌时,就是两样东西,酱汁肉和鸡蛋。《伤心碧》共收十四篇小说,前前后后,饭是吃了好几顿,但唱主角的不是酱汁肉,就是荷包蛋或白煮蛋。当然,这是家庭餐,小姐公子约会的时候,不会叫肉唤蛋,吃什么呢,一般是西式,可也就是冰淇淋圣旦或奶油蛋糕,外加英语调调味。从四六年到四八年,东方蝃蝀的主人公基本就吃这么些东西。饮食男女,有饮食才有男女,饮食单调,市民生活就起劲不起来。

但话说回来,今天来读蝃蝀,对于重新解读张爱玲却很有价值。当蝃蝀的主人公盘旋在酱汁肉、荷包蛋和奶油蛋糕这些日常生活上时,张爱玲的主人公在吃什么喝什么呢?当蝃蝀的主人公逛商店买衣料的时候,张爱玲的主人公跑哪里去了?

当然,更重要的是,随着东方蝃蝀这些老作家的新露面,张爱玲圈下的势力范围将不再是孤灯一盏,而文学的地平线也将随之重新起伏。

偷陆先生的

有位英国公爵,在拍卖莎士比亚第一对折本的会上高价竞拍,有人递来一张小条,讥他附庸风雅,请他停止哄抬,爵爷大人不动声色,挥笔在来条上写下《麦克白》台词作答:"来吧,麦克达夫,谁先喊出'住手,够啦',就让他见鬼去。"

"文革"时候,编写《新英汉词典》,谁挨到做"to sleep around"之类词条,谁必倒霉,因为把"野宿滥交"形诸字面就是"黄色阴暗心理大暴露";Confucius虽是"孔夫子"的音译,可批林批孔正酣,只能写"孔老二"……至于中国式英语例句,如"喜儿打了黄世仁一记耳光"和"半夜鸡叫说明地主的贪婪",更是屡见不鲜。

著名的词典编纂家葛传椝先生讲解哈姆雷特独白,"To be, or not to be",紧接着自问自答,"Be还是不be,想到头还是be,你们看有多大意思,我看没啥意思。"

国庆长假,朋来友往,觥筹之间,少不得指天说地风流佐餐逸闻下饭,这个时候,顺口说说"莎士比亚曾有一标准像,脑袋硕大无朋,据说造像时候,他正在野猪头酒店豪饮","DWEM知道怎么译吗?欧白死男(已故欧洲白人男作家)!"再来点英伦文事,"文革"版《词典》,葛先生之类的掌故,自己听听,都感觉博大精深了。

呵呵,原谅我,谷孙先生,这些都是从您的《余墨集》里偷来的,不过,谁能控制得住不偷呢?上个星期,一个朋友煞有介事地跟我讨论主动语态和被动语态,然后说出一番浪漫典雅的话把我深深征服,嘿嘿,看了您的《金先生论写作》,我才知道他那个"令我终生难忘的一吻"是从哪里来的,下个星期,我一定要当他的面把《余墨集》高高举在手里!

读者大人,关于陆谷孙先生,不用我在这里词不达意地介绍了吧。不过,我想最重要的,应该也是女性读者最关注的一点是,陆先生非常清俊,所以,你不用抱怨错过了他的花样年华,他现在依然很"小布",甚至,如果情到 high 处,可能还会指点我们如何翻译"Up with miniskirts, down with hot pants!"

上海流水

那是好几年前了,我在读大学,孙甘露老师比现在要苗条,他来我们学校图书馆参加一个什么会议。自然,他一进来,秦罗敷似的引起会场一阵骚动。人长得好,已经难得;还是个男人,更难得;男人还写小说,还写迷幻诗,那就是人头马了。会议进行着,会场里的女生越来越多,到中场休息的时候,举办方不得不换了个大会议室,然而孙老师却浑然不觉会议的主题已经改变,他只在那里用他水汪汪的眼神荼毒生灵。

会议室一刻,人世间一日。结束的时候,竟然下起雨来,主办老师便叫我们去寝室拿伞,不能叫与会的著名作家评论家淋雨啊。亲爱的读者,接下来发生的事情改变了一个女孩的一生。我的一位室友被指派送孙老师到校门口,这一路,她是如何战胜颤抖的,她一直守口如瓶,但她当晚就开始写诗,她现在还在写,只要孙老师单着身,她就不会停止写诗。

常常，她会越洋电话来问，最近孙老师在干什么？然后，我打开电视翻看报纸，告诉他孙老师在主持谈话节目孙老师在PARTY上弹钢琴，但她不满足，像所有似恋非恋的女人那样，她渴望知道他生活中的点点滴滴。为朋友两肋插刀，我们只好去当狗仔，去接近孙老师的朋友，托人打听和孙老师有关的细节。

大约是被各路人马千万露迷逼得无路可走了，孙老师突然神秘一笑，抛出《上海流水》，自己看去吧。

《上海流水》让多少人流了口水，无法统计了。与其说这是孙老师的私人浮世绘，毋宁说它是上海滩的集体红楼梦。他就是当代宝玉，千人同杯，万红缠绕，"吃"是最经常的主题，"宝爷买单"也是关键词，频繁出现的各路名流更是最大的看点，但"流水"的真正去向却是那些神秘的缩写字母，Y，Z，W……

听说《上海流水》马上要出版了，所以最近一段时间，孙老师非常非常忙，因为谁都想请他吃饭，被他补充到《流水》里去，要不然，书出来，整整二百页找不到自己的名字，以后还能在上海滩混？

东写西读

到上海,说晚上和陆灏有约,那说明你既有面子又有格调。陆公子是文化界的林黛玉,人美不说,脾气贵族,叫他吃顿饭,他要问都有谁,听到不顺耳的名字,就说,还有半本《容安馆札记》没看完,搞得慕名来见他的薛蟠讪讪的,薛姨妈跟着也脸上无光。

不过呢,真把他当林黛玉,那又错了,最近发现他其实还有薛霸王和薛姨妈的素质,我这不是瞎说,《东写西读》里看出来的。嘿嘿,插播一句,看到《东写西读》,马上买下,陆公子这次终于肯下海出书,相当于007突然到你家里吃晚餐,下一顿不知什么时候了。

《东写西读》封底说:追求小趣味、看不到大问题的读书方式,虽然在正宗的历史学家看来,只是文人们地地道道的浅见薄识,但对我这样读书只求趣味不为写论文的人来说,几乎就是全部的兴趣所在……这段话呢,谦虚归谦虚,却也实在,而且,我要强调,陆公子说的这个小趣味,有时真是小到薛姨妈的水平,比如说吧,《追寻逝去的时光》那是多么欲仙欲死的巨著,像我等没有慧根的人看上几页也要嚷嚷太美太美,但陆姨妈却不,眼里只有贡布雷小镇上好管闲账的莱奥妮姑妈,妈妈相惜,"心心念念地渴望发生一桩出格的事儿"。

可以说,对于"出格的事儿"的追求,成就了《东写西读》的主要风格,陆公子跟大侦探马普尔小姐有一模一样的决心:要是看见有一男一女走进一个小屋,不等他们出来她是不会离开的……其中豪情和情趣,难道没让你看到呆霸王和霸王他妈的影子?所以,读者朋友,看这本书真是赚的,那是陆公子几十年的"小屋"外守候,然后,他一点关子不卖地把最要紧的部分讲给我们听:钱锺书怎么作弄傅雷的;施蛰存选购过哪些色情书;毛西河的小妾有多美老婆有多悍;钱仲联谈诗骂过谁;潘光旦如何利用"鞭"长莫及;福尔摩斯和王尔德到底是什么关系?

说起来,陆公子的这些文章,我都曾经在海内外报纸上读过,但夏夜重读,还是新鲜得不断痴笑。

青春战胜不了的东西

蒋介石当政那会,多次想到安徽大学去提高自己的声望。不过,时任安大校长的是刘文典,他公然表示不欢迎老蒋来训话。后来,老蒋终于成行,但是,他到安大那天,校园冷冷清清,既没有夹道的学生,也没有热烈的仪式。刘文典掷出六个字:"大学不是衙门。"

这个时代要找刘文典是不可能了,所以,最近陈丹青出走清华园的消息传到上海,沪上学人还是颇振奋了一番,毕竟还有对抗大学衙门的人!陈丹青在辞职报告中这样写:"我之请辞,非关待遇问题,亦非人事相处的困扰,而是至今不能认同现行人文艺术教育体制。当我对体制背后的国情渐有更深的认知,最妥善的办法,乃以主动退出为宜。"

陈丹青清华五年,终于拔剑出鞘:"新世纪艺术学生的整体水准,甚至不如文革时期!"应试文化严重戕害了艺术教育的品质与性质，外语和政治的分数线绊死了无数艺术天才，青春战胜不了体制。

二十七年前，陈丹青投考"文革"后中央美院第一届油画研究生，走进外语考场，他在试卷中写下"我是知青，没有上过学，不懂外语。"随即交卷，离开考场。那一年，他以外语零分被录取。可是在清华当博导，他每次都不得不关照考生："好好准备政治和外语，其他都是胡扯！"

最后，陈丹青选择"我不玩了"，拂袖去当他的个体户，奢侈的大学教育把他玩累了。再简单的东西一旦进入体制，就先身高体重过一遍，然后进入生化试验室，接着X光接着标本培养，弄得终于没人气了，博导在望了。

说到这个，大约也就是传说中的"美国精神"差可比拟了。事情是这样的，美国航天部门首次将宇航员送上太空，但他们很快得到报告，宇航员在失重状态下用圆珠笔根本写不出字来。于是，他们组织了一千名科学家们，用了十年时间，花了一百亿美元，发明了一种圆珠笔。这种笔适用于失重状态、身体倒立、水中、摄氏零下千度。

发明公布会上，俄罗斯人说，他们在太空一直用铅笔。

我不做大哥很久了

《英雄本色》里,狄龙被张国荣逼着叫警官时,说了一句:"我不做大哥很久了。"这句当时让我们心神俱碎的台词,经过青春转换,变成了抵挡太平洋的堤岸。我们弄堂里有个坏孩子,每次被他父亲打得惊天动地,抹抹眼泪又笑嘻嘻下楼来玩时,总说这句话:我不做大哥很久了。可是,《英雄本色》终于也就成经典,小马哥跑到好莱坞去,沉寂几年,说着洋文回来了。

真希望筵席不散青春不老,周润发不要去美国张国荣永远和我们在一起,因为我们多么怕,怕他们一走就不回来,怕他们转身不要我们;更加害怕,怕他们回来不是原来样子,怕他们回来让我们认不出来。

怀着这个怕,我们等啊等,十年过去,先锋作家一个个回来了。格非用《人面桃花》帮我们恢复记忆,徐星用《剩下的都属于你》重温梦多钱少的年代,还有刘索拉,还有北村,虽然姿态不一样，但是他们都回来了。最近，余华带着他的《兄弟》（上部）也回来了。

《兄弟》还有二十四小时就要和广大读者见面，我们——多么荣幸——几天前就在作家陈村主持的网上论坛上读到了开头两章。而更早几天，纸上网上，我们已经多次读到余华访谈，知道他本来只打算写八万字，但失控到四十万。而这种失控，让他极其自信，说《兄弟》绝对是一部自己满意的作品，是对历史和现实发动的一次正面强攻。他举到小说中的一个片段，直接说："这一段叙述写得多好！"

可是，等等，这样的"强度叙述"不太像一个沉寂十年的"老作家"的话，为自己打满分的姿态倒像少年作家说台词。谁能告诉我，余华的访谈有多少是出版社的意志，有多少是媒体的快感？说实话，读了《兄弟》前两章，余华没有镇住我们。

或许我是香港电影看多了，总觉得老大回来的时候，应该像小马哥那样声色不动，然后让我们普罗热血沸腾，可现在，情形反了。不应该这个样子，亲爱的余华。为此，我由衷期待《兄弟》，期待震惊。

到会的还有，威廉姆斯

甘阳到上海来，给华东师大、南洋理工和早稻田合办的"黄埔三期"全球研讨班作开幕演讲，"超越西方文化左派"。甘阳碎花衬衫黑西装，出现在讲台上时候底下一片窃窃，因为不是人民想象中的大师，倒像黑社会大佬，准备开庭捉奸状。

十分钟暖场后，甘大人很快镇压人心，手到擒来批判我们顶礼膜拜的西方左派，义正辞严告诫大家必须"拉长历史视线"，在"拉长"问题上，他慷慨地表扬了雷蒙·威廉姆斯，雷蒙的《文化与社会》从十八世纪说到二十世纪，才够得上进入他甘大人的视线，所以，当最后他重新定义全球文化生产体制和西方文化左派的关系时，年轻骄傲的黄埔学员集体被收编，当时场面，套句陈丹青对甘阳的评价，TMD，老 X 就是老 X。

不知道是被这个场面弄昏了，还是甘阳说到雷蒙·威廉姆斯时，太有现场感了，上海的一个历史悠久的文化报纸，试图报道这个"全球文化生产条件下的中国现代文学研究"研讨班时,热情洋溢地描述说,到会的有甘阳,还有雷蒙·威廉姆斯……幸好,这后半句在最后时刻被拦截,否则就会像"哈贝马斯"被介绍成"哈根达斯"那样,被北京的文化界笑上半年。

这个最终没有发生的小事故,是年轻的记者亲口告诉我的,他开心轻松的语气让我突然有一个错觉,甘大人气势如虹号召的"超越西方文化左派",不是在我们的地面部队真实发生了吗?而且,又是那么地四两拨千斤,轻轻一键,威廉姆斯来了,又走了。

想起有一次,孙甘露垂头丧气告诉我,华师大学生会有个女孩(!)打电话给他,先是热烈地仰慕他讴歌他,恳请孙老师拨冗到师大演讲,临了,女孩突然追问一声:"请问孙老师,您的名字怎么写?"

孙老师的名字怎么写,也许不是特别重要的事情,就像划掉威廉姆斯,事情就过去了,但因此,眼下全中国甜蜜而伤感地重绘八十年代时,甘阳们如火如荼的青春可能要经受特别的超越了。

这小窝头是什么做的

前不久评出了"二〇〇六中国最美的书",包括《曹雪芹扎燕风筝图谱考工志》等二十五种,当然了,书做得精致高雅,是读书人的福气,但美到五星级宾馆的价格,也就章子怡,人民群众摸都不敢摸。所以,年终盘点出版,我毫不犹豫告诉记者,今年最好看的书,是《往事点滴》。

《往事点滴》精装却便宜,有学问没学问的都可以拿起它,前朝的戏剧界大佬黄佐临虽然绝对有资格像钱锺书那样和人间拉开一段距离,或者像文学界最后的良心巴老那样对我们瞪起双眼,但他不准备作为大师留在人民中间,他坐在我们对面,家常地把惊心动魄的一生说得云淡风轻,恰似中国水墨画,少林寺的苦难反衬出小和尚的快乐。

真是快乐啊,很久没有拿着一本书从头笑到尾,黄佐临和巴金一起去印度参加一九五五年的亚洲国家会议,因为那里的小费多如牛毛，进门小费，出门小费，他就和巴金商定，巴金出门，他出其不意地为巴金开门；他要出门，巴金赶紧为他开门，借此节省一些小费。说起来，黄佐临巴老都是"最后的贵族"，但是，这个贵族不怕把自己的寒酸暴露给我们，包括一些不上台面的事情。

多么亲切的黄佐临，逼急了和我们一样乱讲粗口，灯光下和我们一样爱出风头，为不认识的女孩操过心，因找上门的尴尬撒过谎，窘迫时代的艺术家既不声讨也不控诉，反而，当年的困厄变成了引人入胜的生活，但他又绝不煽情，《往事点滴》里很少看到形容词，也从没见作者拗过一个造型，除了丹尼，他的妻子，美得惊人的一些照片。不过，天地良心，真是希望黄佐临能对他们的爱情多一点描绘，手头我们只知道，他们曾被误认为暹罗国王和王后。

《往事点滴》最后一篇，讲当年他们这些牛鬼蛇神受忆苦思甜教育，黄佐临说，没想到，那意在让他们受苦的小窝头如此好吃，所以，一口气吃下六个，回头百思不解："这小窝头是什么做的？"而我们，也真的想不明白，黄佐临的这些小窝头是什么做的？

羊皮时代

沈爷进盗版店，老板娘一个眼风先上来，哎哟，侬长远没来了！回身从芸芸众碟中抽出一张，刚刚到的，《吸血美姬》。

沈爷接过一看，封面三个感叹号，色情！暴力！政治！心里想要的，但被老板娘看得这么赤裸裸，不甘心，随手放下。老板娘厉害，再一个眼风过来，哎呀，我记错了，你是看欧洲艺术片的。然后拎出一叠杂七杂八的片子，自然还是以色情暴力政治为号召，但是你知我知，沈爷顺势买下二十张回家。回家逐一审片，说上了老板娘的当，哪里是什么欧洲艺术片。

当然，在这里摧残沈爷不是本文的主题，主要是刚刚读到六月号的《网络与书》，里面有杨渡先生一篇《台湾禁书的故事》，发觉当年台湾禁书时代陈仓暗度的一些桥段，在这里一模一样地使用着，而令人倍感亲切的是，《射雕英雄传》在台湾套过的羊皮——《大漠英雄传》——也在此地使过，不过，在大陆，金庸倒不是政治问题,"羊皮本"《大漠英雄传》主要是盗版商策略,叫慌不择食的金庸迷再买上一套《射雕》。而在我的少年时代,为了能在父母眼皮底下阅读东邪西毒,从来都是封面题词:语文辅导第二册。

不过,话说回来,虽然这些"羊皮书"现在看来,是有荒诞可叹的一面——比如杨渡文章中说到的一个细节:传说陈映真被逮捕的时候,侦讯人员问他:你家里为什么有马克·吐温的书?陈映真茫然了。"那马克·吐温不是马克思的弟弟,不然是什么?都是马克什么的。这代表你思想根本左倾。还不赶快招认?"——可是隔着三十年的辛苦路往回看,倒又发现,这些荒诞的确曾在岁月中滋生出一种真实,就说马克·吐温吧,在我的读书时代,一直是在"马克什么"的谱系中进行解释的,以后慢慢的,马克和马克思的关系越来越弱,"吐温"的两面性升上来,一个温温吞吞的吐温赶走了疾言厉色的马克,可是,翻来覆去,也不知道哪个更好,因为过于"吐温"的当代中庸,真还不如"马克什么的"有创造力。

芒果街上的小屋

问学生平时都读什么,从余秋雨说到余华,倒也没人说宝贝,没人说韩寒,墙头马上的书,大家都不说。就像我自己,《七剑下天山》热播时,梁羽生放在了厕所里;轮到《神雕侠侣》做广告,金庸搁厨房了。但学生问我平时看什么,我一般也道貌岸然,说些唬人的,不过,有一次,真把学生唬住了,我说,最近在读诗,学生便叫,读诗!

他们的表情告诉我,诗歌已经是古典文学了。不过说实话,我自己也很久很久不读诗了,如果,如果不是周丽华把《芒果街上的小屋》寄给了我。

Sandra Cisneros 原谅我,我几乎是漫不经心地走进了你的小屋,但是上帝作证,我立即臣服了。换句话说,我们没有资格评价她,她在评价我们。薄薄四十页,她检测出我们是不是有成长的烦恼,是不是有伤心的恋情,是不是有良心,是不是慕虚荣,是不是疑神疑鬼,是不是魂不守舍,然后,她轻轻在我们耳边说,不要紧,谁的童年不匮乏,谁的青春不慌张?借着岁月霓虹,悲惨往事全部可以是诗,连婶婶的死,也被昔日光晕照亮,少年时代的小小残酷,在 Cisneros 笔下,变成芒果街的常情,而我们读者,却被她纯净之极的文字照得既温柔又狼狈。

当然,随着 Cisneros 走出芒果街,她的美墨身份,族裔问题,边缘位置,越来越成为有效又有力的诠释符码,那个怯生生回眸现代丛林的埃斯佩朗莎也穿上了日益多元的文化衫,但是我想,无数读者一走进《小屋》,就会忘掉这是一本经典著作,用芒果街的话说,我们准备好了"用脚投票",和"一样肤色"的人在一起,唱脏兮兮快乐乐的小调,"蹦一蹦,跳一跳,屁股摇一摇……"这个时候,再白的孩子也会渴望成为埃斯佩朗莎的兄妹,"外面下着雨,爸爸打着鼾。哦,鼾声,雨声,还有妈妈那闻起来好像面包的头。"

说句政治不正确的话,从头到尾,我一直觉得芒果街上的生活令人向往,也许是亲爱的翻译把工作做得太美好了,也许是这个时代太没芒果味了。

杜拉，或说品牌生活

摩托罗拉准点唱响国际歌，"起来！起来！"于是你Oral-B刷牙，Clinique洗脸，穿上Nike出门前，再喝了一口雀巢，自觉心情Dove般润滑。

走入时代大厦，你跟你一身LV的同事约好中午一起必胜客，你神清气爽打开IBM，先上MSN，然后Google芙蓉姐姐新照片，你大笑着开始一天，觉得生活在上海真好。可是，今天晚上怎么回事，星光下的城市和平时一样不安静也不吵闹，可是怎么睡不着？

你想起玛格丽特·杜拉，突然想在她的怀抱里哭泣，因为你恋爱了。

恋爱了，当代生活中惟一可以突破品牌的事件，就这样让你遭遇了。然而你悲伤，因为你的爱情无法突破品牌。你想起《广岛之恋》，觉得书里的"战争"造就的便是今天的"品牌"："战争遥遥无期,我的青春漫无止境。我既摆脱不了战争,也摆脱不了我的青春。"你感觉自己就是内韦尔的丽娃,她在战争中长大成人,你在品牌中长大成人。

你想起玛格丽特·杜拉,想摇撼她的肩头,让她修改《广岛之恋》的结尾,不能是现在这个样子,不可以。既然遇上了,就不可以说不,不可以"什么都没有发生",不可以"没有互诉衷肠",不可以"没有任何举动"!

你声嘶力竭地在内心呼喊,不可以!但是,太阳升起来,你还是要继续 Oral-B 系列的品牌生活。你看见亲爱的脸庞,想说句从来没有被污染过的"我爱你",但是,广告上的男人正拿着可口可乐抒情。于是你玩世不恭地说出了一句歌词,"你是光你是电……"

你疯狂地渴望修改自己,你不停地按 Undo,Undo,你想呼喊出一个太平洋来抵挡另一个,可是,你失败。最后,走过书店,你内心热泪涟涟,你买了一套新出版的杜拉作品系列送给你的广岛,你把 Hiroshima mon amour 放在最上头,但是,你的广岛看了一眼文集,说,小资读物!

你内心决堤。对不起,亲爱的杜拉。"什么也看不见。什么也写不出,什么也说不了。"

癖

奥地利女作家涅斯特林格写过一本著名的童话,《从罐头盒里出来的孩子》,故事的主人公是一个被生产出来的孩子,七岁的奥斯卡,他被人邮寄到巴达洛提家,从罐头里出来,冲着女主人叫妈妈,巴达洛提太太惊讶极了,因为以她那样的普通身份,怎么可能遇到这样的怪事?

不过,女作家立马补上了一笔,这个巴达洛提太太,可不完全是个普通家庭妇女。她有艺术家的气质,也有艺术家的一大堆"怪癖"。比如,她特别不喜欢的词就有一大串:按部就班、规规矩矩、稳重牢靠、明智、有意义、按时、家庭主妇、恰如其分等等。

很显然,即使在童话里,有资格成为主人公的,必须是出众非凡或者不正常,要不,就得染点怪癖,以此区别于我们老百姓。这不,电影《天使爱美丽》中,爱美丽无疑是个怪女孩,甚至她工作的咖啡馆里，来来往往的也都是些不正常的人，最后，她不知不觉爱上的男人，也是个有怪癖的人：尼诺在成人用品店工作，有收集毁坏照片的嗜好。

有怪癖的人有福了！不管是在历史上，还是在生活中，怪癖赢得的常常是敬意。法国《读书》杂志做过一个报道，罗列了许多作家的工作习惯。后来证明，最怪癖的作家收获了最多读者。所以，我们有时候喜欢缪塞，不是因为他的诗，而是知道他看到鳗鱼就发抖；喜欢左拉，因为他常常在写作的时候，不得不跑到街上，不停地数街上的煤气灯，或者数经过的马车，看它们是不是三或七的倍数；圣西门的学识我们不知道，但是他成年累月的担忧叫人觉得亲近，据说他怕海狸过于聪明，所以总担心它们以后会代替人类……

有癖者令人感到放心，感觉特别是个人，所以，名著笔下的帝王，但凡有些性情的，总是个有癖者。莎士比亚的《麦克白》里，大臣们就这样认为，如果君王能用铁腕统治使国土远离混乱，那他的任何怪癖都可以接受。

不过，反着说，如果一个君王只有铁腕，却没有癖好，不知道能不能进入莎剧？

民间爱情

帮我带孩子的顾阿姨，五十几岁，腿脚不是很灵便了，而小孩却到了草上飞的阶段，于是，另外找了年轻的阿姨来替她。

顾阿姨不舍得走，然而的确是吃不消，很伤感地和我们告别，说什么时候需要帮忙，一个电话就得了，然后她跨上自行车走了，她跨自行车的动作略比平时夸张，表明她的身体还是活络的，暗暗地似也谴责我们挽留不力。

我抱着孩子站在黄昏的路口目送她，觉得也对她不起，过河拆桥，跟地主婆一样坏，如果孩子以后写诗，我不就是《大堰河，我的保姆》中的反面人物？自己的孩子叫别人带，这是我外婆怎么也想不通的，想当初，外婆一手拉扯了四个孙儿女，中间还帮居委排解里弄纠纷，日子不照样过！

于是，我内疚地缩在自己书房，听新来的年轻阿姨和宝宝一起咯咯笑，觉得生活的确是有点无情，你看，才两分钟，宝宝已经忘了顾阿姨了。不过，我们小区里的保安和清洁工没有忘记顾阿姨，常常问起，你们顾阿姨不做了？蛮好的，为啥换呀？她来过电话吗？

顾阿姨走了以后，我才知道她在小区里的人缘是这么好，有一个保安还特别郑重地跟我指出，顾阿姨其实不容易，她是离婚的，一个人领一个小囡过日子。她现在在一家超市做，老辛苦的。听了保安的话，我几乎有点震惊，因为顾阿姨并不是内向的人，家里的事情也喜欢在饭桌上讲，但我从来不知道她是离婚的。常常，她还会说起，"我们家那个死人……"

隔了几个星期，顾阿姨回来看宝宝，吃好晚饭，说走了，一定不让我们送，便在电梯口告了别。晚上八点，我先生回来的时候，说，门房间坐的一个女的，很像顾阿姨。我马上跑到阳台上去看，天黑了，什么都看不清。古怪的好奇心抓住了我，我坐了电梯下楼，隔着喷水池眺望门房，是的，顾阿姨没走，她坐在门房间织绒线，保安在帮她把绒线放出来。

突然想起，伍尔芙在谈到俄国小说家和小说家笔下的人物时，说了一句，这些人，活得多认真啊！

今年春节，阴有雨

买完香蕉，水果老头又顺势递上一支玫瑰，说，原价五块，算你三块，便宜卖给你了。才想起，今天是情人节了。我不要，买玫瑰送老公，他还以为我有什么事对不起他呢。看我没走，老头自暴自弃地说，给二十块钱，这些玫瑰花都是你的了。我还是不要，老头生气了，说今年中什么邪了，没人买花，都不找对象了？

回到家，朋友来电话，嚷嚷，要是以后春节连着情人节，那就要规定情人节必须上班！原来，他费心送的九十九朵玫瑰，给女朋友的父母定义为：花头花脑！本来，都计划求婚了，现在，又搁置起来。如果，如果情人节不休息多好哇！九十九朵玫瑰，都披着小面纱，正午十二点，齐齐拥到女朋友办公桌前，她所有的同事都用艳羡的目光看着她，她高兴得跟玫瑰花一样，这不就四两拨"千金"了？

第二天经过水果摊，看到大把的玫瑰冻死骨似的瑟瑟风尘，突然很不忍，各单位真应该颁布规定，情人节不上班，罚款！因为，没有旁观者的玫瑰，怎么能激动当事人？放假的情人节，就像床上穿婚纱。

今年春节，上海人基本上是床上穿婚纱。七天长假，多少阳光计划，全被雨水冲走了。雨雨雨！雨雨雨！大年初一，出租车司机生气啊，妈的，就等着春节捞一票，现在好了，都猫在家里搓麻将。

周边都在下雪，上海有点阴雨也不算过分。不然，花花都市一年四季花枝招展，左邻右舍怎么能心理平衡？好了，叫你上海爱出风头，现在也该，风紧，扯呼！

其实，上海这些年也确是有些风风雨雨，所有人眼睛都盯着上海的一举一动。偏偏上海人在家里穿婚纱，也会穿得全世界都知道，自以为身材靓，上下包裹得紧紧的，但有些东西是藏不住的，包得越紧，也就暴露得越厉害。

几年前，刚到香港读书，坐巴士返校，远远看见绿水红校，鱼目混珠地叫："科大，唔该。"司机瞥来一眼，用纯正的普通话问："刚来香港吧？"

我灰溜溜下车，到底还是藏不住啊。

不要穿吊带衫

在改革开放的窗口,在窗口最明亮的地方——上海徐家汇太平洋数码广场,出现了这样一个告示:请乘坐地铁的女乘客注意自己的着装,不要穿着吊带衫等暴露的服装。落款是:尴尬的男乘客。

虽然是小告示,但很快上了大报纸。而就在各路人马纷纷猜测这个男乘客到底是什么身份时,这个尴尬人露声了,他在公共电话亭给东方早报打了电话,澄清他贴这个告示完全不是人们想象的"装酷",他是认真的,目的不是出名,是想解决自己的实际困难。

我刚刚坐地铁回家,地铁里的吊带衫一件没少,男乘客的小告示,像这个城市无数呻吟中的一声,正常死亡。不过,我想请你猜一猜,媒体为了这张在社会上引起争议的告示,采访了谁?

波伏娃?不是。鲁迅?不是。福柯?不是。肃静肃静,告诉你吧,他们采访了上海市男性病研究中心主任。主任表示,的确,并不是所有的男性都有很强的控制力,因此,在公共场合,女性的确应该注意点;当然,他也承认,"没有人有权限制女性爱美的自由,这只是从自我保护的角度考虑。"

各人有各人的看法,但采访男性病主任,本身就是媒体的态度了:"他妈的,这男人有病嘛!"所以,好女不跟病男斗,自己穿多点。自然,在大上海,这个声音也遭到有力驳斥,连官方人士也出来说,做可爱的上海人,也应该包容尊重别人的着装自由。"我是女人,我有诱惑你的权利,而你有不受诱惑的自由,又有自制的义务。"二十年前,龙应台就说过的。

事情就这样过去了,这个尴尬乘客再没露面。写到这里,发现自己穿的正是吊带衫,突然觉得过意不去了,虽然小告示当初对我的良心和行为都没有任何言说能力。可怜这个男客,毫无回旋余地,被媒体送进了急诊间。茫茫人海,他就这样被雪藏了。

可原本,这个告示更应该让我们集体回忆鲁迅的一句话,"只要看有人出来唉声叹气的不满意女人的妆束,我们就知道当时统治阶级的情形,大概有些不妙了。"

低级趣味

小白领正加班,嘀嘀嗒嘀嘀嗒,手机叫,懿旨到:"老公,我 SAO 起来了。"可怜天下男人心,百米冲刺把家还,刘翔一样撞进家门,只见新婚娇娃正在厨房动干戈,扭腰摆胯,恣意汪洋:"老公,我 SHAO 起来了,等你下班回来正好上桌。"

这是地铁里的脱排油烟机的视频广告,典型的当代低淫桥段,而且,反反复复播放,直把恶心变家常,如果我是老干部,我一定去跟市长说,这是叫卖?简直叫春!可是车厢里永远有人痴痴地盯着液晶屏看,牡丹花下死,做鬼也风流。

低级趣味永远有观众,所以,我们的晚报就表扬了一个奋力逃离低级趣味的出租司机。这个司机,半夜开过高尚消费地带,上来一艳装女郎。春风沉醉的夜晚,司机的心情怎么也不会坏啊,可是车到目的地,女郎樱唇轻启,啊呀,要么我让你摸一下算了?道德海关,多少人就这样走私弹药了,但是,我们的出租司机(想起了在这个行业中前仆后继的烈士)清清嗓子,义正辞严,"我不要摸你,我要摸钞票!"

本来,"我要摸钞票"早就是这个城市的伦理,只是,出租司机这样叫出来,报纸又这样表扬出来,这个城市是连幽默感也沦丧了。

所以,看到下面的画面,还能叫人一莞尔:美丽女郎怒气冲冲:要分手要分手。男友却忙着接听一电话:"好好好,我决定还是买滨江世茂园,性价比都合适。"放下手机,他问女友:刚才你说什么来着?美丽女郎却已经低眉顺眼,说晚上你想吃什么夜宵?——这是房地产广告。背过身,西装男冲我们观众一笑,呵呵!

呵呵,不要再跟我们这个时代讲道德讲感情了,这个城市的男男女女早就准备好了,说到爱情,如果用一首歌来形容,最抒情的也就是《老鼠爱大米》,多数人的选择是,《冲动的惩罚》,《愿赌服输》,《当爱已成往事》,《我未知的未来》……

未来虽然不可知,可残酷大街上依然汹涌着无数恋人,也许,这是这个城市最可歌可泣的篇章了。

记一个难忘的夜晚

是小宝叫的饭局,说沈宏非到上海了,要请吃饭。晚上七点,金锚坐定,小包厢里已经挤了十四人,满满当当跟日本地铁似的。据传全世界就数日本地铁最肉感,还有段子讲,两个日本人讨论地铁拥挤。一个说:"太挤了,我太太上星期被挤流产了!"另一个说:"这算什么,上个月我太太被挤怀孕了!"

当然,有沈宏非,有小宝,还有陈村和孙甘露,这顿饭就算点十个萝卜加青菜,也不会素了。大家都关心小宝的身体写作到什么地步了,他却自暴自弃,说身体写作也没意思,现在迷上蔡康永,想顶替小S,把"康熙来了"改版成"小康社会"。然后大家看到沈宏非拿着孙甘露的手机在做可怕的动作,他一会把自己的手机压在孙老师的手机上,一会又倒过来,问他干什么,他占便宜地笑。再后来,大家问到陈村的《性笔记》,都拍他马屁,现在没人敢得罪村长,他拿个相机到处当狗仔,回家就立马挂到九九网上去。

这顿饭吃得北京来的许知远连着几次叫,没想到你们上海人,是这样的!许知远一头受过大惊吓的毛发,衬着上海的红烧肉,特别迷离。不过,等到酒过三巡,小宝派发雪茄的时候,我不得不起身告别这些非上流文人,因为,早在一小时前,我就发觉自己被鱼刺卡住了。

走出饭店,正下大雨,打电话回家,跟老公含含糊糊地交代发生了什么,请他带病例卡跟我在急诊室汇合。晚上十点,五官科医院急诊室居然还热热闹闹,排在我前面的几个,都是被鱼刺卡住,我安心很多,像我这样蠢的人还有不少。

医生非常容易地取出了鱼刺,可是,他在写病例的时候,突然噫了一下,"上个月,你也来过急诊拔鱼刺!"我羞愧难当,是的,上个月,一模一样地发生过。但是,更大的悲剧还在后面,这个年轻的医生突然好奇心大发,他又翻到我前面一页病例,用着匪夷所思的目光看了我一眼。

当时,我万念俱灰。没错,再早一个月,我还来过一次急诊,拔鱼刺。这是今年最难忘的一个夜晚。

上海的秋天

很久没有看见街上围观的人群了。读书时候,语文课上到鲁迅的《药》,老师痛心疾首:"麻木的看客!麻木!看客!"然后,他指着我们的鼻子,更加痛心疾首:"现在,鲁迅死了五十年了,你们中间还有人喜欢做看客!小小年纪不学好,中国完了。"老师是北京大学毕业的,常年怀才不遇的样子,常年是怒我们不争的神情。

让老师一说,街上看到有人打架了,有时就熬住,不去做麻木的看客。然而在八十年代,电影少,盗版没有,香港电视连续剧也不是常常有得看,街头的混战,就是《霍元甲》前传和《上海滩》的续集;而且一般情况,劝架的人最后也会卷入战斗,要叫年少的我们不围观实在是灵肉考验。

不过,等到大家都自给自足以后,街上围观的事情变得百年一遇了。因此,中午出门,看到宜山路上里里外外围了约三层人,血液马上沸腾起来,觉得今天实在是走运的。想也没想,拔腿就往人群里挤。

不看不知道呀,一男一女正撕扯在一起,有热心公益的人在外围现场解说,一个是发廊小姐,一个是发廊顾客,格种事体,大家有数咯呀!然而,还是有人不心领神会,追问着,到底啥事体?于是有中年女性回答他:问也勿要问,肯定是男的有问题!马上就有男青年在人群中反驳:难讲难讲,现在小姐老野蛮的。一男一女斗在一起,我扫了眼人群,全是渴望事态升级的眼神,更有一小男孩,四五岁模样,挤在最前沿,一边还撒着尿,这尿也是一段,一段,撒出来,发廊女尖叫一声,尿就停住,再叫,再停住。

秋日正午,太阳暖洋洋,路边有桂花若有若无地香着,76路公交车开过,司机猛的一个刹车,有两个乘客下来,加入围观的人群,我苦于下午要参加政治学习,只好搭轻轨挥别庞大的人群。这个时候,我觉得自己真有抒情的冲动,美好的社会主义记忆涌上心头,我们曾经多么紧密地站在一起,一起麻木,一起兴奋。

卖艺上海

安静的地下铁,突然,有一个男人站起来,说,各位,现在我给大家唱一首《人生何处不相逢》。大家还没回过神来,他已经摆好架式,几乎是深情地唱起来:随浪随风飘荡,随着一生里的浪,你我在重叠那一刹,顷刻各在一方……他一唱完,车厢里的年轻人就为他鼓掌,半揶揄半鼓励,男人于是脱下帽子,点题道:"在家靠父母,出门靠朋友。"于是,几个年纪大的乘客装睡回笼觉的样子,不搭理递到眼前的帽子;一中年男人投了一块钱后,问他一天能挣多少?年轻的情侣大约被歌词感动,投了五块钱,卖唱男人立马送上口彩,"好人一生平安。"

我在徐家汇下车的时候,卖唱男人也下车来,不过,换个车厢,他又上去了。也许是灯光的关系吧,他一进入车厢,涂了一层蜡似的精神焕发。所以说,大都会像春药,吃伤了身体,还会选择吃下去。

走出地铁站，马上听到吆喝声："高科技产品，不灵不要钱！"我挤进人群，看到两个男人在兜售纽扣电池一样的东西，一男演习，一男望风。演习的男人像表演魔术似的，亮出一纽扣电池，然后撸起袖子表示两袖清风，接着，他用煽动人心的语调说："注意了注意了，奇迹就要发生！"果然，他把纽扣电池放在一自来水水表上，水表不转了，然而自来水照样流。"十块钱一颗，高科技产品，花小钱省大钱！"围观的人还在犹豫，望风男人催促说，快快快，我们马上要走的，这是尖端技术，今天算你们运气！

再走两步，又听到吆喝，"纯种欧洲名犬！最后一只！"那欧洲名犬装在鸟笼里，一女孩在问是不是偷的，卖鸟的看她一眼，意思"真不懂事，这还用问吗"。旁边，有几个年轻人在兜售强力胶，他们把好好一根皮带剪开，又粘上，吆喝着："永远扯不断了！"

走出好一段路了，还听到年轻人嘻嘻哈哈的声音："永远扯不断了！"回望茫茫人海，有穿制服的人在执勤，然而他们被人群挤来挤去，一副身世飘零的样子。

阮玲玉的字

徐家汇一入夜，白天看不见的各种人都出来了。从美罗城走到徐家汇公园，一路上，起码会有三个人，非常诚恳地走到你跟前，说，这位先生，好面相好面相，不过最近？算命这事据说是最好学的，因为人都爱听好话，但又愿意相信坏消息；再加上，大陆港台影视一起加油，银幕上的算命人，哪一句话落空过？所以，改革开放这些年，算命的生意是越来越好。

我有一个朋友，好好的从商场出来，迎面碰上一算命的，冷峻地告诉她，小姐，最近是不是眼睛跳得厉害？最后的结果，是我那学科学的朋友，花了一百元请小仙消灾。置身莽莽都市，人的判断力的确容易失身，就算没有被算命的伏击，早晚也会中其他的埋伏。这不，迎面走上一年轻小伙，突然无比可怜地拉住你，说大姐，我一到上海就遭抢了。相信，还是不相信，你自己抉择吧，因为我这个傻大姐，就被同一个年轻小伙骗过一次半，半次是我突然发觉,临阵脱逃。

我妈常说我在上海呆了十几年,心肠硬了很多,可是,你要心软,十分钟的路够你走一夜。这一路,有多少可歌可泣的故事等着你啊!就说我家楼下那个帮人设计签名的男人吧,他的脚据他说是交通意外废的,老婆还跟人跑了,可是深夜收摊的时候,我明明看见他提了箱子健步走开。他帮人家设计签名,二十元一个,无非是把中国字弄得跟洋文似的,让别人看不出来。他说他还曾经帮几个明星设计过签名,看,看到那广告牌了吗,章子怡的签名我师兄设计的!他吹牛倒还有点分寸。

有一次,我还真走近那广告牌去仰视章子怡签名,花里胡哨的看不真切。回家,帮朋友写"百年中国电影"策划,翻阮玲玉资料,翻到她1933年为力士香皂做的广告,旁边有她的留言和签名,工工整整,老老实实,便很喜欢。再翻了几期力士香皂的明星签名,胡姗、陆丽霞、黎灼灼、陈燕燕,每一个明星都是清秀的两三行字,很谦虚的落款,让人无端地感到那是讲究德艺双馨的年代。

爱森斯坦为什么撒谎

六月初的时候,报纸上就说,即将入梅,这样说了大半个月,没把梅雨说出来,却叫出了过不完的高温天。然后,眼看就要到七月了,大概是气象台组织专家开了会,当天晚上,新闻联播慌慌忙忙宣布,上海入梅;没过几天,又尴尴尬尬地宣布,上海出梅。

自然,这个短暂的被宣布出来的梅雨季节没有一个梅雨之夕。走在正午的烈日下,我控制不住地会想到自己是不是在布努艾尔的电影里,被不是命运不是社会的东西掌控着,永无止境地向越来越艰深的现实跋涉。同时,我也突然理解了,为什么当年,年轻的布努艾尔,看了他敬爱的导演爱森斯坦的影片《感伤曲》,会勃然大怒。他疯牛一样地在梦巴那斯的咖啡馆酒馆饭馆里寻找爱森斯坦,要当面给他耳光,只是因为,《感伤曲》诗意地表现了一架白色钢琴,几只天鹅,还有一片麦田。"狗娘养的,他撒谎!"

爱森斯坦为什么撒谎？如果我们从此将不再有梅雨，我们是不是还需要梅雨的消息？如果生活其实早就达到四十度，我们是不是该相信广播里说的，今天最高气温三十七？一九一七的布努艾尔，高声呼喊，"轰毁甜蜜的生活"，但是，就像超现实主义最后变成了诗歌一样，当年对甜蜜的轰毁最终加剧了这种甜蜜。布努艾尔如果知道他的电影在小资的爱情中所起到的作用，他会再死一次。可我们，的确比任何年代，更需要梅雨的消息。

就仿佛今天，走在几乎是赤裸的暴烈的金沙江路上，听到不知哪里传来的木条敲木箱的声音，我中了邪一样地想，那就是我童年时候，卖冰棍老头子的信号。我循着方向穿入曹阳新村，顽强地想印证这个想法。

当然，你们一定会说，我失望了。可是没有，我最终没有继续追踪，我保留了这微小的悬念，叫了一辆车回家了。在这个城市里，你知道，如果要想碰壁，每天可以死去，但每天，都有新鲜的灵魂，穿着他们最好的衣服，怀着最简单的心愿，来到这里，能告诉他们，这是个已没有梅雨的城市吗？

芙蓉姐姐

大宝做假钞，一不留神做了张面值十五元的，丢了可惜，熬两通宵整出来的。他就去街上溜达，遛到烤白薯摊前，白薯老头灰不啦唧满口土话，大宝便上前，故意讨价还价一番，最后说定一块钱两个。他掏出那张十五元递上去，果然土老帽，找钱给他了。大宝那个乐呀，捧着白薯凯歌回府。回家坐定，大宝傻眼了。怎么呢？白薯老头找了他两张七元的。

晚上回家，轻轨里，一年轻女郎对着手机发嗲，当着全车厢的男女老少撒谎："我现在在淮海路嘛！不行嘛！"还好，我们是被菊花妹妹芙蓉姐姐熏陶过的，再娇憨的声音也顶得住。车到中山公园站，她仪态万方地下车，车厢里好像没了生机似的。生活里没有这些人，真是没意思啊，人人住在自己世界里，层峦叠嶂地守着私生活，怎么玩？还好，一拨又一拨的芙蓉姐姐不断为生活推陈出新，把她们平时自个对着镜子说的话全交待了："我那妖媚性感的外形和冰清玉洁的气质让我无论走到哪里都会被众人的目光无情地揪出来。我总是很焦点。我那张耐看的脸，配上那副火爆得让男人流鼻血的身体，就注定了我前半生的悲剧。"

芙蓉姐姐语录现在已经全面顶替大话西游，她的语法特征完全是假钞性质的，表面上是真的，但没法落实。但是，芙蓉姐姐运气真是不错，她碰上烤白薯时代了，我们认假钞，还找钱给她，当然，全是七元七元七元。这是新的游戏规则，新的激情方式，新的人际关系，我的无耻里有天真，我的虚情里有真心，看着我，你难道一点都不爱我？

所以，我心情愉快地走在夜色里，觉得这个时代还是生机勃勃。电梯里，住我们楼上的男人用着最恳切的语气在说："我就要到屋里了，明朝再讲好哦？阿拉明朝一道吃夜饭，旋转餐厅，哪能？好好好，好好好！"然后，他求和地看了我一眼，对着手机说了声"我爱你"，结束通话，变回了我们楼上的好男人。

张爱玲听见了，就说，纵有千般不是，到底是我们的，于我们亲。

楼上的小孩

住我们九楼的小孩,是个小胖墩,每天晚上在小区里跑步。夏天晚上,我在喷水池边乘凉,他跑过来和我搭讪:"阿姨你跑步吗?"我说我懒。他就恭维我说阿姨身材还不错。我笑了问他多大懂得讨好女人了。

他不高兴了,说他都谈过恋爱,现在读初中一年级。我控制住自己,问他现在还谈吗?他说现在没谈,不过他和我们小区里另外一个孩子一起竞争他们班班长,他说班长长得好,学习好,老师也喜欢。我问他那你有希望吗?他说希望不是很大,因为情敌家的房子比他们家大两点八平方,而且,情敌妈妈是医生,而自己妈妈没花头,是营业员。然后,他更沮丧地追加说,情敌爸爸还有私家车,自己爸爸虽然有车接送,毕竟是单位的。

我说竞争女孩要靠自己的呀,你好好读书考上北大,你们班长不就喜欢你了?他说阿姨真老土,等到我考大学,我们班长早就名花有主了；再说了，现在都是看家庭背景的，他们老师最喜欢的学生，爸爸妈妈都是有花头的。他继续跑步，说要减掉十斤。

小胖墩才十岁出头，岁月寒风已经刮灭了他的梦，他们从现实主义向浪漫主义跋涉，最后会结出什么样的生活果实我无法判断。因为我们这一代，从理想主义走到现实主义，最后也是残兵败将。因此，看着小胖墩远去的小背影，我觉得自己没有能力教育他，这情形仿佛有点像，远在异国的郁达夫，因为爱的屈辱，隔洋狂呼："中国啊中国，你怎么不强大起来？"

细想想真是和小胖墩一样沮丧了，在这个年头，穷人天然没有权力谈恋爱的，你看，连马克思都没有处理无产阶级的爱情问题。有钱人谈恋爱才符合爱情的要求，"能吃，能喝，能赴舞会，能去剧场，能拥有艺术，能旅行……"这些年的文学艺术，最动人的爱情场景，有一个是衣衫褴褛饥肠辘辘的吗？

于是，头顶着灿烂星光，我百转千回，不知道是应该学习马克思，还是应该自强不息，让我们家的小胖墩长大以后不会因为我失去爱情的机会。

懒

突然春天就来了,气温陡然上升二十度,街上行人不是手挽大衣,就是腰拴外套。恋人在一起,女孩的风衣围巾帽子都交在男友手里;夫妻一道的,男的都是范柳原的婚后作派,"他现在不那么绅士风了,竟交给了她,"所以,嫁了人的白流苏手上满满贯贯的是一家人的衣服,走在徐家汇天桥上,又疲倦又幸福。

地铁里的暖空调没来得及关掉,乘客被蒸得连骂人的力气都没有,虽然是高峰时段,车厢里却莫名安静。陌生男女紧挨着,没有性别,全是沙皮狗。想起章衣萍《枕上随笔》里那句惟一流传下来的话:"懒人的春天哪!我连女人的屁股都懒得去摸了!"真是懒人的春天,这种话都是抄别人的。

也活该章衣萍倒霉,这句抄汪静之的名言,为他自己赢得了一世骂名:"摸屁股诗人"。章衣萍想起来就觉得冤,可是,懒人的春天哪!他后来也懒得分辩。

分辩累人呀！中午的公交车，没几个乘客，售票员挨着司机座位立着，靠自己力量站不稳似的，有一搭没一搭地："你欢喜新来的小高？"司机回头瞄她一眼："勿要瞎三话四。"售票吃吃笑了："好了好了，我不会看错的。上趟，小高感冒，你也感冒。"司机又说了一遍瞎三话四。售票又吃吃笑："我们早就看出来了，你赖也赖不忒。小高讲到侬，总是伊呀伊，这还看不出来啊！"司机挣扎两番后，妥协了，说了句"小高人蛮好"。售票依旧懒洋洋靠在驾驶椅上："她老公上趟到车队来接她，人蛮长的，有点像刘德华。唉，春天就是发困。"

公交车沿着中山北路开开停停，一半乘客在睡觉，一半在听售票说话，没人觉得他们讲的是一桩隐秘的婚外恋情。天这么热，普罗的道德都蒸发了，笑眯眯地听着，希望这个售票再往下说点什么。不过，没下文了，大家倒也无所谓。

车厢里静下来，有人打呼噜，一边打，一边把头靠邻座老头身上了。忽然一个声音叫起来："要死！坐过头了！"然后绝望地看了看车后，索性继续打起盹来。

相亲

星期天下午。北京中山公园。

一老头走到一老太边上，正常笑容："闺女还是小子？"老太看老头一眼："小子。"老头露出更多笑容："来，来来，看看相片。"老太掏出一相片，也从老头手里接过一相片，互相仔细端详……

这不是人口贩子在交易，这是现代相亲场面。生活太峻急了，朝九晚九的白领青年根本没有时间恋爱，或者说，根本没有时间结识恋爱对象。日常生活就是上班，睡觉，加班，睡觉。时光苍蝇，二十岁的青橄榄蒙太奇一样地变成了三四十岁的社会中坚，变成了社会中坚人人羡慕，可是连打量异性的时间也被盘剥了。

社会中坚的娘亲们便急火攻心，最后，集体豁了出去，他们自发地组织起民间相亲团队，拿着孩子照片，寻觅未来亲家。报道说,每个星期日下午,中山公园的后河附近会聚上几百名中老年人。

我的朋友认为这比网恋可靠,虽然不能验货,但毕竟能验明货物血统,而且,长远来看,孩子的丈母娘更能阐明未来婚姻的走向,所以,表面上看来极为退步的现代相亲方式,其实既继承了传统相亲的优点,又体现了现代婚恋的特色。

这么说吧,随便打开一个电视频道,自由恋爱的结局都惨,怎么呢?公婆一见,男方家和女方家原是几十年前的冤家,要不,来自单亲家庭的女方原来和男方是同父异母。不是胡扯,这一两年,我看的青春偶像剧多半是这么结尾的,而且,就这样了还不够戏剧性,我的一个编剧朋友最近狠了心,他要让他的青春男女主人公在婚礼上发现是同父!同母!

所以很显然,父母相中的亲,最为有效地屏蔽了未来悲剧的空间,同时,因为是父母起的头,婆婆对媳妇就不会那么挑刺,新型而甜蜜的婆媳关系就变得极为可能。两代人之间的关系处好了,婆婆媳妇丈人女婿就愿意在一个屋檐下生活,这样,和谐社会不就诞生了?

当然,还可能产生更美满的,拿着儿子相片的老头凑巧又看上了拿着女儿相片的老太,生活啊生活,实在太美好了。

乱来

听宝爷说，嫦娥和吴刚正在月宫里乱来的时候，忽然发现窗外人影一闪，俩人惊慌分开，吴刚追将出去，一会回来，告诉芳魂未定的女郎，休得惊慌，不是天兵天将，乃人间高人上天来。

宝爷爱国，他用性命担保我们中国人是真的去月亮上的，有嫦娥为证。而美国人就乱来了，他们都是在摄影棚登的月，把五亿多观众一骗三十六年。其实，二十多年前，美国人拍的《魔羯星一号》就把整个骗局演给全世界看了，但是好莱坞本就是梦工厂，是乱来的地方。

可这年头，如果不乱来，能被广大人民关注吗？全国两会期间，湖南代表说了这样一件事：有一个医院搞人工授精赚钱，医院赚钱天经地义，但是该医院不按照一个供精者只能当五回爹的规定，在一年多时间里反复使用十几个男人的精子，让二百多个女人幸福地当上了妈妈，或者，更准确地说，让她们的孩子成了兄妹。

中国地大人多,这二百多个孩子以后可以选择的伴侣自然亿亿万万,所以医院也不担心未来二三十年会演出很多琼瑶剧,虽然广大人民见多了,小地方更经常是肥水不外流。

不过,中国人民是不会怕乱的,退后点讲,还是行为艺术。前一阵,一个艺术家朋友说,他在酒吧喝醉,回家路上遭遇小车祸,跌撞进家门,他老婆还以为他搞行为艺术,活活让他多流了一两血。深刻检讨后,他把自己洗刷干净,决心重回学院过正常生活。但是在学院呆了一个月,他又把自己弄得鸡毛掸子一样地回江湖了。怎么呢?学院是全世界最乱来的地方。

学院让他去争取博士点,而这年头,所谓争取博士点,注重的是功夫在诗外,学术水平是要的,更要的还是当二奶的能力,陪吃陪喝。那是真正的行为艺术。等到博士点终于申请到了,一个学院长长短短的教授就都鸡犬升天了。他玩不了,告老还乡。

这就是眼下的世界,所以,肯德基弄点有毒的鸡翅鸡腿给中国人吃吃,老百姓也不会到美领馆去抗议,真是没啥。

茶叶蛋

学校小卖部长年累月供应茶叶蛋,冬天的夜晚,痴男怨女在寒风里分享一个茶叶蛋的情景特别让单身男女寂寞。数学系有一个校园诗人,曾经以《茶叶蛋》为题写过一组抒情诗,听说结尾两句是:哦,茶叶蛋!哦,所向披靡的茶叶蛋!

不过,所向披靡的茶叶蛋今天遇到克星了,科学家告诉我们,茶叶蛋不能吃,否则,胃病。怪不得大学校园里那么多胃病患者!按照我一个朋友的民间理论,如果一个人不曾得过胃病,不会打牌,没吃过肉圆,只看过一遍《罗马假日》,那肯定没上过大学。所以,作为一种隐性指标,茶叶蛋是大学生活的重要部分。

但是,这么重要的茶叶蛋今天被证明是有毒的,同时被禁止的还有,土豆烧牛肉,说是会导致肠胃功能的紊乱;小葱拌豆腐,说是中国人缺钙的罪魁。

茶叶蛋，土豆牛肉，小葱拌豆腐，这些东西已经成语一样地深入人心，可是都面临拆迁了！到底是二十一世纪啊，一波又一波地要把生活推陈出新。形势如此，美国教育部门也没闲着，为了凝聚学生注意力，他们要求所有男女教师性感装束，尽可能地少穿衣服，借此收拾涣散的人心。

报道说，学生的兴/性趣被大大地调动，讲台上的老师一个个呼之欲出，教室气氛前所未有地饱满激情，现代的师生关系终于建立起来了。一个化学教师在讲解什么是化学反应时，机智地运用了自己的身体，她一边脱衣服一边说，化学反应就是……

帝国主义这么嚣张，社会主义自然不能示弱，北京近日推出了一个培养神童的"日出计划"，说只要孩子从小接受他们的培训，十岁就能赶超一个大学生，目前该计划已经招募了一百六十个孩子，最小的九个月。学习课程包括大学微生物学，化学，植物学等，收费每年从二万到十三万不等。有意思的是，该计划以人为本，童叟无欺，没有考试，交费就行。

生活这样前进，对我们普罗真是考验，还好小卖部的茶叶蛋老太婆觉悟低：什么有毒没毒，好吃就有人来买。

韩剧：人命关天

据说，一个学中文的美国人看到"I"的中英比较同义词表，叫了一声《葵花宝典》之后，吐血而亡。不过，根据我的研究，就是这些荼毒鬼子的"俺、俺们、本人、鄙人、敝人、不肖、不才、老子、某、仆、乃公、人家、我等、我、我们、我辈、我曹、吾、吾们、吾济、吾辈、吾曹、小生、小人、小子、小可、小的、余、予、在下、洒家、咱、朕、寡人、孤、奴才"等"我"的同义词，挽救了我们不少国人性命。

此话怎讲呢？根据得克萨斯大学心理学教授詹姆斯·彭尼贝克的研究，我们使用的字词，总能透露我们的身份、我们的思想以及我们的宿命。彭教授大量地比较了自杀的诗人和不曾自杀的诗人，发现前者明显地倾向于使用 I 和 MY，而后者更经常地使用复数代词。按照彭教授的思路，或者我们可以假设，"我"用得多了，就会产生一种自杀倾向。所以，感谢中文，有多少复数代词可以用来指称单数"我"啊!比如我的朋友朱教授,说到自己夫人,总是很谦虚地说:我们老婆。

多么安全的中文!所以,回溯历史,我们中国文人就不像外国同行那么脆弱,动不动就跳瀑布,稍不顺心就开瓦斯,我们说着咱们富饶的中文长大,风吹雨打都不怕。

不过,最近有一个统计干扰了我的研究。报纸上说,中国人的自杀率呈明显上升趋势,已经赶超了很多发达国家。后来,当红节目主持人小宝提醒我,注意一下我们的主持风格。追了几次小宝的读书节目,发现原因了。现在,我们的主持人不再使用"我"和"我们"这些词了,受了韩剧的影响,主持人小宝这样说话:小宝认为……

果然,我(们)的学生上课发言,一派《蓝色生死恋》的腔调:"何平的观点是……"他以这样的句式开始自己的陈述,"何平们"显然是比"我"还危险了,因此,韩剧在威胁中文的同时,是慢慢地在弄死我们。

我最后的结论是,如果中国要削减人口,应该大量普及韩剧,相反,如果要挽救人命,那么振兴中文先!

二奶二爷

重庆师范大学最近试行了新的学生管理条例，其中有这样一条：发现当三陪、当二奶、当二爷、搞一夜情的将开除学籍。

规定一出，民声喧哗。一夜情不能搞，那么两夜三夜四夜情？夜情要继续？如果大学生不能支配自己肉身，谁来支配？最后，争议聚焦在，如何界定案情？据该校有关方面称，他们主要是依赖公安机关，一旦公安部门对事实认清后，学校就会做出相应处理。同时，倒有特别敢作敢为的女生跳出来说，我就是你们眼中的二奶，但是，我自己并不这么看自己，我只是和相爱的男人同居。

现在，全国范围内的讨论正在展开，学生强烈要求把这样的规定也写入教师的行为准则，家长念声阿弥陀佛，新生活运动是时候了。不过，奇怪的是，天南地北，没有一个人问，什么叫"二爷"？很显然，这个"二爷"是为了讨政治正确弄出来的新词，毋庸置疑的呀！你看，虽然从来也没有人真正界定过二奶的含义，但无数女性在这个领域里的实践已经为这个词闯下了一片江山。所以，女权主义这回可以高兴一把，他们的努力让重庆师大不敢不把"二爷"也叫出来，嘿嘿，在我们的词典里，又有了一个从阴性裂变出来的，阳性的词。

但是，别忘了，这个时候，一定有人在某处笑，笑我们。如果生活可以这么命名的话，那么我相信，是"二爷"这个词让世界堕落的。一点都不神秘，如同王尔德说的，伦敦本无雾，惠斯勒画雾，伦敦才起雾。

理论掌握群众啊，用二爷这个词，检索一下我们的文学史，会发现，他的身世比二奶还要传奇，只不过，那时候，他们是一个个人，可能叫宝玉，可能叫其他。但是，新时代的捉奸队伍已经成立，就算你躺在恋人的怀抱里，你也失去了安全感，因为这个世界已经决意不保护我们。如果你今天没有被二爷这样的词捕获，你早晚会被另外的词定罪。

就此而言，三陪，二奶，二爷这样的命名，就是一次犯罪，教唆罪。

又丢脸了

搞不清什么时候开始的,"中国足球"成了骂人的话。朋友一起吃饭,说到儿子的未来,说喜欢踢球以后当国足,完了他马上道歉,说对不起对不起,要踢也不在中国踢。

中国足球不要脸,这是常识。不过,索性破罐子破摔,也是条路,一辈子做坏蛋,有时也赢得一点敬意。比如这回,国奥门将安琦,江湖人称"天使"的,被小姐报了警,据说原因是价格分歧,小姐要一千五,安琦要求打五折,价格没谈拢天使还用强,小姐刚烈宁愿玉石俱毁。这样的好事自然以射门的速度天下传遍,如果安琦坚持做坏蛋,说一声"坏事我做了,处罚随你们",老百姓还当他是男人,可是看见警察,他立即阳痿,说要不是警察敲门,都不知道床上有个小姐。

做好人早没指望了,坏人也做不像,中国足球的脸算是给丢尽了。不过,从这件事情,倒是看出,中国足球黑是黑,但没完全黑在球员那里，要不然，严重时刻，安琦也不会跟小姐为了区区几百元讨价还价。现在，全国人民都在等看安琦的好看，各种暧昧力量卷入进来，小姐的律师撸撸袖子要为"清秀"的夜总会女郎讨回尊严，而一夜成名的小姐更是掷地有声，为中国足球题了座右铭：我起诉安琦，只是为了告诉他一句话，不应该这样做人！

小姐以后如何做人，安琦以后又如何做人，没人管得了，不过这件事情会给他们一个教训，不要做自己不能对付的坏事。或者，我们可以给天使和小姐讲这样一个故事：从前，有一只秃鹰，他买了架飞机，办起了飞行培训班。第一个来报名的是森林之王狮子，狮王壮志要凌云，我不仅要称霸大地，以后还要称霸天空。蓝天白云，狮子就这样被秃鹰带上了天。自然，飞着飞着，飞机出故障了，坠毁之前，狮子哀号，为了梦想，我付出的竟是生命的代价！秃鹰冷笑着飞出机舱：大王，为了今天，我也付出了一架飞机呢！

故事的结尾是，秃鹰也没吃到狮子肉，谁吃了，谁都看见了，可是谁都不说。

中国制造

超级女声最后一场,湖南台以央视春晚的方式收场,"想唱就唱"变成了"给啥唱啥",所以,网上八卦也真不是搞笑:大年三十,中央台为了短信收入,把超女带入了春节晚会,一二三四,现在合唱,《祖国祖国我爱死你》《超级女生奔小康》《我愿做开发西部的螺丝钉》《农民兄弟逛巴黎》……

耐心点,让我们耐心点,等他们唱完,这是中国式娱乐,你不觉得好玩吗?生活在这个时代真是幸福,打开电视就有乐子,比如,刚刚结束的第十一届华表奖,又带给我们多大的惊喜啊!

看到主持人倪萍的身影,我想很多观众条件反射地,眼眶就湿了,套句李宗盛的歌词,她总能平白无故地,让人难过起来。当然,央视制造的催泪大姐大,叫人难过的事情总是正面的,妈妈的无私啊,农民的朴实啊,山河的美好啊,于是我们眼泪哗哗哗。华表奖请倪萍主持真是找对人了,不然,面对中国电影如此丰收场面,谁押得住这 G 大调?

自然,红地毯上的剧组,我们总有一半没有听说过,但是,中国电影的确起飞了。你看,评委会为难呀,这么多优秀的电影和影人,最佳给谁好呢?算了,还是老办法,双胞胎,赵薇章子怡一起影后,胡军濮存昕一起影帝,尹力陆川一起最佳导演,至于最佳故事片,一溜下了十个,计划生育办公室看到了,就说:"现在你知道我们开展工作的难处了吧!"

所以,当年,南宁有线电视台私下加印十几万份广播节目报,组织全台职工家属填写,硬生生为南宁台拿下一个金鹰奖,被媒体曝光后,台长理直气壮叫冤枉:"其实我们这样做也没什么顾虑,全国各地都有自己的绝活,评奖活动作假多多,大家都心知肚明,为什么就报道我们南宁呢?"是呀,怎么老盯着一些小地方台上呢?我们老百姓真是觉得,南宁有线台的这个台长蛮委屈的。

中国电影一百年了,像这样的双胞胎满月酒倒是近几年的产物,不知道是伟哥功效,还是自强不息?

比富

政治清明天下太平,《南方周末》百无聊赖,也到虚拟社区游荡,不荡不知道,一荡吓一跳!

听我把事情跟您交代一下。网上有个易小姐,去年开始,撰文数篇,不藏不掖旗帜鲜明地以"高贵的上海人"自居,高调宣扬"人分九等,高贵低贱",高调鄙视太阳底下人民大众,看见民工不穿鞋,说:"观念这么落后!鄙视他!"看见高校宿舍一屋四人,吓得尖叫:"闻所未闻!不可思议!"

本来,不说人话的仙女,人民大众看见了,也就摸摸她的头,说一声,小可怜,哪颗人造卫星上下来的?可是,网上突然出现一个周公子,似乎用的蛇打七寸的办法,为人造仙女开出了"登仙指南:帮你成为真正贵族","我们上流社会不说三藩,只说圣弗朗西斯科;我们上流社会不喝咖啡,只喝茶!"周公子的上流训话,激动了无数普罗,不仅为天涯网站造就了"有史以来最长命帖子",而且一举登上了《南方周末》头版。

至于这个超级男生,灭了易小姐之后,神龙消踪,搞得网上一片哀嚎:"周公子,您在哪里?"而他弄死易小姐的九大问题如今成了贵族纲要,比如,你自己开车还是有司机?你的车是什么牌子什么颜色?你的财务顾问和律师每年为你报多少税?你家养几匹马?是什么血统?你家的狗是什么品种?

九大问题,惟一和人有点关系的是:"你听什么音乐?"但这个问题的核心又是:"在哪里听?"一场比拼,易小姐落了个暴发户的名声四面楚歌,神秘周公子吐了两句法文说了声ADIEU坐着他的私人飞机离开地球,但飞机的废气还久久温暖人间:"我们上流社会尊重每一个人,哪怕是乞讨者。"——看看啊,人家大贵族还不歧视我们,你个暴发户牛逼啥?

一场以反歧视开始的网络论战,最后以更深刻更可怕的歧视收场,而一向以揭露歧视为卖点的《南方周末》,这回竟然被虚拟世界弄软了腿,报纸都没敢走访乌有乡的周公子,只全盘抄录周公子语录,把这个势利的世界,再往深渊推了一大把。

流行报告：直线和弧线

民间有一个著名的"猫狗定理"，即，扔出一块骨头，猫狗们绝对不会绕着弯子跑向美食。这说明什么呢？直线即是理性。

照这个定理看，理性正在全面回归今年秋冬的时装界。看了好几场大型时装发布会，发现直线回来了，男人穿素直线，女人穿荤直线，反正，都直来直去的。报纸上，查尔斯王子正穿着格子裙牵着卡米拉的手，直线构成的格子是最理性最尊贵的图案，那几乎就是查尔斯的爱情誓言了：和你在一起，我很郑重。

因此缘故，今年，和直线对着干的弧线是落魄了。在都柏林，有一家酒吧老板花了一年工夫，收集了酒客们对女性乳房级别的各类称呼，我们发现，女性的弧线实在是被糟蹋呀。坏男人按罩杯级数解读他们的姐妹。F 是 Fake！G 是 God！H 是 Horrible！I 是 I can't believe！J 是 Joke……所以，好莱坞今秋不流行丰乳肥臀了。不知道这个消息是不是能给大伤未愈的林志玲一点安慰，小报上到处是她弱不禁风的照片，说她重摔之后，关键处掉了好几级。

女权主义听到我这样不争气的话，一定气愤，不过呢，对于我们这种身材平直的女性而言，直线就该是人类时尚的前进方向。没看见，理性的极简主义正在全球盛行吗？《每日电讯》报道，在西伦敦的康诺特出现了一家名为 Easy Hotel 的热门酒店，凭的什么呢，因为客房特别小——酒店的客房等级是"小""很小"和"极小"。看看，习惯了大弧线的人类，正发起对小直线的冲动。

但是，让我们且慢高兴，这些，都不过是流行。林志玲如果东山再起，大约还会去弄个水货身体，理性不会是永远的时尚。就像英国广告标准局（ASA）发出的禁令——今年八月起，英国境内的酒类广告不得出现英俊的男士形象——马上引发了国际笑声。行啊，秃头肥男完全可以是以后的广告明星，但是时尚界会跟着谢顶吗？

不会的，政治正确只会被利用，被大买特卖。当今世界，直线也好，弧线也好，都没法正确了。

全民起博

大闸蟹上市，新浪网的名人博客秀同时上桌。拆蟹脚的时候，就会听到这样的消息："余华已经起博了。""刘震云也博上了。""张艺谋不久开博。"

超女结束后，新浪的首届中国博客大赛就成了国内最大的PK台，而"博客名人秀"起的就是形象代言人的作用，让草民登上博客舞台的时候，能够跟自己和家人交待：余秋雨也博着呢。有个年轻的网友兴奋莫名，连叫了一千个"爽死了"！对此，新浪掌门陈彤解释说："一年前，我对博客的看法也许让我当了龟兔赛跑中的兔子，但是当博客在中国发展的时机成熟时，新浪自然要大张旗鼓地让每个中国网民开博。"

帮忙大张旗鼓的，就是作家艺术家，尤其是表演艺术家。刚刚从新浪下来，看到最红的博客主人是范冰冰、李湘和张靓颖，排在后面的是80后作家郭敬明和韩寒，然后才轮到人到中年的余华。所以说,各行各业都吃青春饭,写作也不能例外。出名要趁早!快!快!快!我想起那一天走过淮海路,一药店门口竖一大牌子:"比伟哥更快捷!"谁快谁就赢,这个时代早没耐心了。快,就是商机,就是道德。如此,一批从来没听说过博客的作家就莫名其妙地有了个人博客,陈彤真是网络教父:"不会博,我来教。"这样,眼瞅着名人,全民博起了。

全民博起本来是好事,而且有各种报道表明,中华帝国的博客人数正在赶超美帝国,嘿嘿,早晚我们中国博客要黑死你们洋鬼子。可是,同时,我控制不住回忆起那个关于疯牛病的民间说法。

一个女记者,去采访养牛场老农,问疯牛病是怎么回事?老农冷冷一笑:"怎么回事?!奶牛天天都要被挤奶,每年却只让快活一次。如果是你,你受得了吗?不疯才怪!"

按照博客的伦理要求,名人也应该和草民一样,天天上去挤奶,用句广告术语,叫做"全年无休",如此半年,我相信新浪就会是个著名疯牛圈。而事实是,不少名人博了没多久,都进入不应期了。

民工吃西餐，国学傍大款

一群农民工，入住五星级，吃上霸王餐，眼泪滚下来。——列位看官，我不是给谜语你们猜，也没兴致歌颂新社会，我不过实情实录，在这里，霸王就是霸王，眼泪就是眼泪。

让我交待一下事情的起因：一群农民工，讨工钱不果，无奈之下与拖欠工程款的豪华酒店签下一纸"不平等协议"：入住闪闪发亮的五星级酒店，以消费抵薪。然而，卧榻太软，空气太香，我们的农民兄弟高枕难眠，想起一家妻小正在寒风里眺望，农民兄弟悲痛啊！咽下有生以来的第一块牛排，他们眼泪哗哗哗：我们吃！我们吃！把血汗钱统统吃回来！

年关在望，如果世界和平组织这个时候到中国来走一遭，卖相倒是老好的，农民兄弟坐在雪白的餐桌前，城里小姐甜蜜蜜地倒上 XO，一边，欠了一屁股债的财团老总可以用英语回答媒体、BBC 的提问，是的，我们不歧视农民工。

真是感人，欠薪的事不会再发生了，而且，受了资本主义腐蚀分化的农民工，拳头软了，集体讨薪也便三下五除二。资本主义在中国的凯旋，用的全是中国功夫，四两拨千斤么。再说了，民工要是还不服气，已经有新名词出炉，"恶意讨薪"，看看你们以后还敢游行示威！

没错，从"恶意欠薪"到"恶意讨薪"，不过一词之遥，谁在堕落，上帝知道。要识时务啊！没钱就是挨打啊！当仁不让，刚刚进入"亚洲大学排名第一"的北京大学首先举措。

11月19日，北大哲学系开办的"乾元国学教室"正式开班，全国四十多名企业家济济一堂，开发国学。财富是道德，有钱的人才有资格闻道。阿弥陀佛，四书五经有福了，这些企业家，可不是随便什么人，每个月来一次，都得"打飞的"，闻道精神这么可嘉，生命体悟自然非凡，学员感叹，国学管用。

毫无疑问，国学从此会迎来灿灿钱途，清华大学的中国企业卓越领导人班也将把国学列入重点教学内容，双赢的局面已经打开，经济振兴了，国学发展了，谁还有异议？！

美死了

小宝考证,历代名人中,不抽烟不喝酒的,活到六十几;只喝酒不抽烟的,活了七十几;只抽烟不喝酒的,活到八十几;既抽烟又喝酒的,活了九十几;所以,小宝现在发愤喝发愤抽,历史的教训这么沉痛,到处宣传的烟酒有害健康夺走了多少人的华年。

我们普罗最喜欢这样的拨乱反正,比如,德国科学家近期研究表明,液晶电视对眼睛的伤害更大!嘿嘿,叫你们有钱人瞧液晶,现在好了,还不如我们雪花飘飘的黑白电视养眼。最近,美女遭遇的人身嫌疑更是叫我们肉身凡胎乐坏了。

是这样的,香港深圳一开会,认定了香港色情业的源头在深圳,于是,两地联手,严查申请赴港的每个年轻女子,尤其是外表靓丽者,一旦发现有疑点就严加盘问,缓签甚至拒签。美丽就是原罪,这是古训,但今天能这样落实到日常生活,实在令人心理平衡，社会的公平原则正在发挥巨大的力量，灰扑扑的土豆也有笑傲天鹅的时刻，美死你！美死你！

美死了的不仅有现代美女，还有古代王孙。莎士比亚大概想不到，他的哈姆雷特会在二十一世纪遭遇这样的美容术。先不说事，考考你，下面这个句子，你看懂了吗？"2b？nt2b？？？？"很像电脑乱码是不是？但货真价实，这是抽脂瘦身了的最著名独白。主持这场名著整容手术的不是别人，乃伦敦大学学院教授、今年布克奖评委会主席杀死人（John Sutherland）。杀死人先生为了普及名著，向老百姓提供更多文学养分，和英国一家电信运营商合作，把一批古典文学名著压缩成手机短信，用人民喜闻乐见的形式叫名著走向千人万人，尤其是被经典课堂折磨坏了的高中生。

和哈姆雷特一起被平胸了的，还有奥斯汀的《傲慢与偏见》和弥尔顿的《失乐园》等七部名著。毋庸置疑，这个产业的前途会无比广阔，因为它符合这个时代最大的美学原则：举重若轻。

生活无限前进，哈姆雷特死了一次，还要再死一次，原因很简单，谁叫你最美呢！

乐坏了

中国人民，尤其是中国妇女这些日子是乐坏了。全球演艺圈最牛的三个男人都到中国大陆来，先是裴勇俊，然后阿汤和发哥。

真是有面子，日本首相要见亲爱的勇样，勇样摇摇头，说档期太满没时间，但他跑到中国来，亲口对中国记者说，"我为中国流疯狂"，而且，还是张艺谋的影迷，背得出张艺谋的生日和台词，和中国粉丝见面，也用中国话，连连抱歉时间太短了呀太短！

至于阿汤哥，也被我们中国文化镇住了。阿汤看马戏，欢呼又鼓掌，FANTASTIC说不停！大报小报那个高兴啊，天天出示阿汤的菜单和账单，中国菜征服了番邦仔，靓汤夜夜为上海餐饮作贡献。

比起来还是发哥比较低调，酒店住下就不见了人影，搞得守在门口的摄影记者,看见人高马大的不管三七二十一就狂拍一通。什么消息都没有,也在报纸上发了个大花边,实质内容就一点,发哥在上海没出门。

凭着这三个男人,中国成了娱乐的中心,虽然有禽流感的悯悯威胁,有矿难有地震有石化爆炸,但是所有的灾难都夺不走我们中国人欢乐的天性。瞧瞧新闻联播如何报道哈尔滨的全市停水!我敢说,这么美好的生活在哈尔滨历史上还不多见。画面上的被采访者,笑眯眯乐呵呵地对着镜头说,一点都不影响!生活好得很,净水多得是!超市里的瓶装水还减价了呢,卖不完!

但是,一个星期来,我的那些哈尔滨朋友,没有一个是在家呆着的,全撤了,全是惊魂未定状,恢复供水后还观望了一段时间:"谁知道电视里市长大人示范的饮用水是哪里来的?"大家都知道,电影电视都是娱乐,新闻联播也一样。所以,记者采访江西的地震灾民,灾民只是乱搓手,对着话筒推来推去,全部乐坏了。

呵呵,在这样的世界,如果你没有一点娱乐精神,怎么活?如果电视镜头里是萧条的家禽市场,报纸上是阿汤摄制组对中国人日常生活的高傲侵犯,街谈巷议是天气的反常小乌龟的不安影星的忧郁症,我们如何在兵荒马乱中相爱呢?

哈根达斯出事了

帮我带孩子的阿姨一早进门,就宣布:"哈根达斯出事了!"一整天,她都喜洋洋,一边给宝宝喂奶,一边自娱自乐:"叫你们有钱,有钱去吃一百块的冰激凌,现在开心喽,冰激凌有毒!"

深圳的哈根达斯被查处后,互联网上那个热闹,根据对哈根达斯的感情厚薄,有人哀悼,"哈根,你伤了小资的心";有人偷着乐,"嘿嘿,你也有今天";有人趁势追击,"把哈根赶出中国";有人泼冷水,"野火烧不尽,哈根灭又生";也有人圆场,"又没出人命,算了算了"。

当然,中国的事情,最后都会算了,哈根达斯会开出更多分店收获更多小资。因为哈根代表的是先进生活的方向。比如我们家阿姨,跟宝宝说着说着,就犯根本性错误了:"宝宝以后赚大钱,把哈根达斯买下来,小区门口开一家。"就此而言,市面上那些专门调戏无产阶级的广告也真不是随便的侮辱。

Louisa M，这个知名女装品牌的一个橱窗广告是："上流社会的价值观，中产阶级的生活方式，无产阶级的想入非非——人类社会的共同经验与追赶目标。"可是，且慢，这种出没在中高档消费场所的橱窗，一般的无产阶级肯定是看不到的，所以，这最后一句"无产阶级的想入非非"无疑是一颗蓝色药丸，挑逗的是上流社会的欲望器官。

看看，上流社会也挺可怜的，他们得把自己的快乐建筑在无产阶级身上，得事事处心积虑，让无产阶级喜爱他们，爱他们的食物，爱他们的衣服，就像培养殖民土著一样，把自己变成遥远的宗主国，变成全世界的乡愁。这样，要消灭上流社会也就简单，好比《白雪公主》里，皇后问镜子，谁是世界上最美丽的人，镜子如果回答，七个小矮人，皇后就完蛋了。因此，当上流社会的广告语最终沦为"上流社会的想入非非"时，他们一定自己也感到无聊了，这个时候，还能有什么来激活自身呢？

只有丑闻了，无产阶级爱丑闻啊！丑闻出场，再次提醒无产阶级，我就是你的乡愁，是最高级生活。

外遇的比例

现在,你们来猜一下,当今世界,已婚人群中的外遇比例大概是多少?春节期间,吃嘛嘛不香,全家又团聚,话题偏健康,披上了羊皮的大宝因此很是不习惯,于是,坏坏一笑,抛出一个新民晚报似的话题。

闲着也是闲着,就着点小酒,大家一路竞标:百分之十,百分之二十、三十、四十、五十、六十、七十,最后,小宝一鼓作气,喊出一口价,百分百。话说到这个份上,大家一齐看着大宝,看看WTO的答案是多少。大宝奸笑一声,说,这个问题是这样的,确切的数据是没有的,否则婚外恋还怎么搞?但刚才各位说的比例,按照心理学的说法,就是你们每个人可能发生外遇的概率。

这样无聊的话题本来说过也就说过了,除了小宝在家里养了几天伤,山照样青水照样秀,大宝继续在江湖上装光棍,但是一起吃饭的,有个做媒体的,天生好个事,在小报上做了个婚外恋集锦，把娱乐圈的重要恋情一一盘点，还拿出张艺谋与巩俐当年游泳池边的搞笑照片来装点门面。装就装呗，为了体现时代感，把这桩恋情活生生和张艺谋的新片《千里走单骑》扯一起，说这是一个男人和一个父亲的忏悔，因为刚巧，前两天报上说了，张艺谋去美国参加女儿的婚礼，女儿对父亲的当年走单骑，还是心有所恨的，所以呀，高仓健那悔恨的眼泪，是代谁流的，也就不言而喻了。

　　从张艺谋自然要说到陈凯歌，这样，《无极》又被拖出来戏耍一番，看不出其中奥妙的人，只要从小道了解一下陈凯歌的婚恋史，馒头的故事也就小葱拌豆腐了，这样，扯着扯着，从张艺谋说到央视的煽情大主持，说到春节晚会，也就是非常顺理成章的事情。而今天中午，我在《东方早报》文化版上读到的一个新闻更是让我觉得天涯比邻，大家都在如来的手心里。

　　新闻标题是，"你恐惧社交？因为你妈妈不爱吃海鲜"。仔细一看，是说科学证明海鲜中有元素利于婴儿心智发育。所以呀，你的孤独不是你的错。这个世界这样深奥，活着真是叫人惊喜。

企鹅有毛

有一只企鹅，闲得没事干，拔自己毛玩，一上午工夫身上就剩个马甲了，然后他对着冰窟窿说了句：真冷。他哆嗦的声音叫一只北极熊听到了，北极熊好奇加无聊，也拔自己毛玩，拔得剩个泳衣了，也哆嗦了一句：企鹅说得没错。

要是伊索写寓言就到此结束了，但是没有，有续集。北极熊哆嗦的声音叫北京大学听到了，闲着也是闲着，拔身上毛玩，反正全国各地高校早都把毛拔得差不多了，老北大心里也痒痒的，不知拔光了毛什么滋味。

春节刚过，一则公告贴在了北京大学最后一处平房区里，即未名湖以北朗润园、镜春园和全斋区域内的平房要开始大规模的拆建，以后将建设"北京国际数学研究中心"。对这个事情，媒体倒有不少抗议的声音，但大都强调朗润园和镜春园的清代古园遗址身份，没听到青春北大的霹雳声。也许，这个世界上的事情已经变得连血腥气都没有，爱情敌不过文件是定理，但爱情连挣扎都放弃却是新恐怖。

我想起去年年底在台湾东海大学，赵刚老师带我们参观他们教授的住宅区，虽然房子简单甚至有些露出失修的样子，但我们还是由衷地爱上了那些低低的平房，想着房子历代主人们的故事就被历史摄走了心魂。后来，定定心，我们安慰自己，虽然上海早被改造得不像样了，但我们还有北大呢，未名湖畔还生活着老老老的北大人呢。

这最后的叹息还没出口，就被耳光打了回来。幸好咱是中国人，这样的打击绝不可能是头一回，回过身去翻翻历史，还能笑出声来。这不，比我们愚蠢的人有的是！美国人才 TMD 逗呀，他们的一个反吸毒组织向在校小学生免费发送铅笔，铅笔上印有反毒品口号：Too Cool to Do Drugs；可是，用着用着，铅笔得削啊，这样，削了一截后，那口号成了 Cool to Do Drugs；再接再厉，一个星期铅笔用下来，两截削去，每个小学生，人人手握 Do Drugs。

于是，很多年过去，看到有毛的企鹅，人们会尖叫，看，企鹅有毛！

壮阳报告

和杜蕾斯搞中国性调查报告一样，中国社会科学院每年整一份《中国现代化报告》为我们老百姓壮阳。

最新出炉的 2006 年报告是更加牛逼了。"2050 年的中国，最低月薪超过 1300 美元，人均预期寿命逾八十岁，养老、医疗和失业保险覆盖率达百分之百，人们可以自由合理流动，绝对贫困和童工率下降到零，信息化率达 80% 左右，出国旅游率达 50% 左右，汽车普及率达 50% 左右，预期受教育年数超过 17 年……"

这两天，为这个首当其冲的"月薪 1300 美元"，虚实媒体全部成了战场，那场面是，用句赵本山春晚小品的最新台词，"人山人海，相当火爆"；不过，一个十分明显的现象是，没有一个老百姓相信这个调查，就像杜蕾丝说中国人的性伴侣人数全球第一，只引起了全场哄笑。

拿几个数字就现代化了吗？农民工长途旅行两三天，身上穿纸尿裤，背上是六龄童，一口水不敢喝，有个站位全家就喜极而泣了，叫他们相信自己快死的时候，要去摸一下自由女神，或者还能赶着上个老年大学凑足教育17年，人家会笑吗？

中科院的大师们，拜托了，既然你们能如此精确地描绘50年后的中国，那么还是先告诉我明年收成怎么样？大学生会因为找工作疯掉吗？教育费用还会拖垮城乡居民吗？大大小小的贪官会有人管吗？还有，禽流感来了，SARS来了，我们不用感到恐怖了吧？敬爱的大师们，原谅我们老百姓都是目光短浅的动物，我们买冰箱，一定要找有售后服务的；我们买馒头，一定要热气腾腾马上可以吃的；我们家里种月季花，不种千年铁树，我们要看得见的雨水，不要宣传窗里的大太阳，我们喜欢冤有头债有主，许下的诺言能找到说话的主儿。

原谅咱没理想没抱负，不过见过老百姓拨气象台问五十年后的天空云图吗？再说了，如果梦想真的就是生产力，那么何不大胆宣告，狗年我们要消灭狗日的童工，这样的事情，我们不明白为什么还要等上半个世纪？

欧洲的决心

开天辟地第一次，欧洲决意要帮助我们振兴民族企业。以法国为例，驻华大使馆近日就"携假名牌游欧洲可能遭罚"一事发表声明："假冒名牌产品是绝对禁止进入法国境内的。法国海关法令规定除没收涉嫌假冒名牌的商品外，情节严重的还有可能被处以罚款，罚款金额为假冒商品实际价值的一至两倍。"媒体的报道则更加恐怖，说法国还算好的，你带五件 ARMANI 到意大利试试！

说起来，只有襄阳路购买力的中国平民知道 LV 长什么样啊，家乐福买回来的包，突然说是仿冒的，要罚三十万！老百姓感觉就是家里烧个蹄髈，突然被端走了，说蹄髈处方是隔壁阿三的。搞不懂这个世道也好，五一长假在望，所有的出境导游都苦口婆心，如果不是几万元买来的衣服，就别穿了，最好穿民族裁缝做的，商标是中国字的比较稳妥，旅行包旅行鞋内衣内裤眼镜墨镜都互相检查一下,别搞得到时候被人家没收得浑身精光,发两塑料袋叫你机场裸奔。

本来,因为盗版的普及,民工和老板伸出手来,倒也不相上下,你劳力士,我欧米茄,在中国,它已经是最后的遮羞布,遮盖着三六九等的赤裸裸分野,但今天,伟大的帝国主义进程要彻底把黑白分明。盗版的坚定打击者们欢呼,从此以后,拥有真正 LV 的人将真正从人群中脱颖而出!这叫我想起一个著名的坚持种族平等的橄榄球教练,一早起来,这个叫托马斯的教练向球员训话:在我们这个球队里,人人平等,黑人和白人一样,大家都身穿绿色球衣,是绿色队员。然后,他哨子一吹,说,现在,浅绿色的球员站左边,深绿色的球员站右边。

以后,拥有真正 LV 的人可能颜色会浅一点,建议奢侈部门为他们专设贵人行道,像我们这种用国货的颜色会深一点,乱穿马路也不怕,国货就是红绿灯。不过,我心里在叫,中国啊,千万不要辜负了欧洲的一片冰心,国货也可以撑起襄阳路的灯火呀。但怕的是,中国更可能的道路是,让 LV 检验不出真假来。

让生活更美好

回宁波看父母，傍晚六七点，吃饭洗澡全告结束，八九点天还没黑全，便各自睡去。我在上海过惯了午夜生活，很不习惯，十二点钟肚子饿了，摸到厨房找吃的，我妈蹑手蹑脚从她卧室抱个电蚊拍过来捉贼，现场叫我看恐怖大片。

我便劝她，真要听到小偷声音，以你七十岁的体力，还是赶紧把卧室门锁锁紧，然后火速拨打110，但是，她马上摇头："等110来，东西还不被偷光了，贼人总是比警察快。"上个月，在公交站头，她看到有人偷手机，马上大叫，搞得后来被小偷一把推倒在地，为这事，我姐苦口婆心劝她好多次，每次她承诺以后少管闲事，但总补上一句："那贼没人喊了？"

没人喊了，亲爱的妈妈，现在已经不是我们的童年时代，谁家来个贼，一声吆喝，半夜三更整条弄堂都出动，不把贼追到手，弄堂里的男人会觉得没面子，女人会觉得自己老公不中用。

所以，那时候，我们不需要电话手机，左邻右舍就是彼此的110，油条摊老头就是小弄堂警察，任何可疑分子都逃不过他油蒙蒙的眼睛。但是，油条老头最后被当作可疑分子遭清理了，因为他没有有效居住证，是城市不稳定因素。

美丽的城市把这样的因素都删掉了，所以，暑假里，我们不断读到这样的报道，"入室行凶，二死一残"，"单身老人公寓死，稚龄儿童阳台坠"。打开电视机，越来越多的频道在做案件聚焦，当然，常常是那些不稳定因素干的，常常是"邻居听到有叫声，但以为是电视声音"，常常，人们只是谴责110不够及时谴责小区保安不够勇敢。

我们不谴责自己，再说，我们能有什么办法，现在社会这么乱！所以，最近传说的厉以宁妙招"让下岗工人上山下乡做农民"，实实在在引起一些人兴趣呢，可不，"缩小城乡差别！""实现农村现代化！"城市农村问题一起TMD解决掉。

满上海都是世博标语，"城市，让生活更美好"，看来，这美丽标语将有幸因为厉先生的高招，深入到广大农村去了。

消暑

留洋的暑期回国，问起国内有什么新闻，因为是自己人，也无所谓民族自尊心，就说厉害的：一个是云南牟定县，因为连续发生了人畜被狗咬伤后死亡的事件，当地政府迅急地成立了打狗队，公安局长担任"打狗队长"，五天之内把全县五万多条狗给灭了。当然，狗命也是值钱的，一条狗五块钱。另一个发生在河南，河南省实验中学在不到三年的时间里，设立插班费、择校费等大小29种名堂，违法设立民办分校，违规收费金额达1.76亿元。

留洋的原来在国内也是练家子，但几年民主法制下来，变得对祖国大地没有想象力了，听了我们的汇报，慌得不停地问，那我这次广州还要不要去，听说也是很乱的？大家于是逮住机会大肆进行人身恐吓，小宝你认识的吧？也是上海滩黑社会的，私人旅行到广州，被火车站一小混混劫走，没沟通好，给整得留一身内衣扔大宾馆后门了。

听了我们的话,留洋的当时就打电话给老婆,把广州行程取消了,觉得还是在上海安全些,找个凉快天气,叫个车去周庄朱家角玩玩,娱乐眼也娱乐胃。看他得意起来,大宝悠悠说道,去周庄朱家角可以,但车可不能随便乱叫。最近上海严打黑车,搞得市内黑车都跑长途,所以长途那个黑啊,车主都有帮派有武装的,用句朦胧诗名言,他们"只凭一个简单的信号,就集合起星星、紫云英和蝈蝈的队伍",所以啊!

所以呢,留洋的把周庄朱家角也取消了,决定还是吃吃喝喝犒劳自己的爱国胃算了。然而,他碰上本命年,遇着虎狼友,大家对他穷追不舍:在上海吃东西也得小心啊,一不小心,吃出病来,送到医院,一针"欣弗"下去,就青山埋忠骨了。他还没问"欣弗"是什么玩意,解释就跟上来了,"欣弗者,今夏夺命抗生素是也,广泛用于各大医院,六月后共生产了370万瓶,只召回二成半。"

他最后决定提前回美利坚,我们送他走,临行嘱咐一声,上飞机看看,有没有笑容可掬的长相可疑的朋友坐旁边。

沈爷消暑

连续三十八度，沈爷热疯了。上穷碧落下黄泉，此热无计可消除，想起《后窗》中的摄影记者杰弗瑞，沈爷也搞了个望远镜消暑。

毕竟是国际大都会，对面女郎换衣服也不拉窗帘了，可惜观察了两个晚上也没惊心动魄的事情。星期六早上还被电话吵醒："先生，我就是你偷窥的住在对面的姑娘，你看没看到，昨晚我卸下的吊带搁哪儿了？"

沈爷这下是消暑了。人冷下来，心热起来，跑到楼下买上一打碟回来，《通关塔》、《〇〇七之皇家艳窟》、《温泉浴三百镖客》、《走光小美女》、《穿比基尼的女魔头》、《阴间道》、《球战3》。约了宝爷一起看，就像大学时代看《金瓶梅》那样，你看上集，我看下集，需要看的地方插个标签。当然，很快就把自己看恶心了，俩人洗涤一番身心，做回青春少年郎。

跑到书店，沈爷纯纯地问小姐："我想买本书，希望没有色情，没有暴力，没有富翁，没有小姐，没床也没有枪。"小姐四顾茫然，看了看《火车时刻表》，说很难啊，连《美食指南》也是小姐满床。宝爷捅捅沈爷，俩人一冷一热，《美食指南》就是他俩编的。

站在淮海路口，女郎个个穿无可穿，沈爷一时也感无法聚焦，有那么一刹那，他们突然理解了梁文道，要突破自己要改变自己！沈爷拍拍脑袋，挑战自己，进军古董！平时总喜欢新鲜的，现在开始，玩陈年的。他跟宝爷说出自己的想法后，站在热气腾腾的街上，莫名其妙地打了一个激灵。

也不知道谁跟沈爷说的，愈是年代久远的古董，愈需要冷藏。所以，玩上古董后，沈爷算是彻底消暑。冰天洞地的，沈爷冻进冻出，一个星期倒也成了古董专家，还在报纸上开专栏，谈古董心得。前几天，宝爷介绍他认识一个古董大户，那人让了一个西周小鼎给他，沈爷把玩一番，感觉西周小鼎确实不一般，特别冷，咬咬牙就买了下来。可是，回家路上，愈摸愈热，不放心，找了上博专家给鉴定。专家远远一瞥，就说，这哪是西周的，这是上周的文物。沈爷凉快至今。

没花头

楼下小胖问我,阿姨你干什么工作?我说,大学教书。想着他会对我有点敬意,但是"大学"两字没有一点分量,他说,那你没花头。我笑起来,问他什么有花头。他说,老板有花头,老板孩子,中考可以加分,加整整二十分。他举起胖乎乎的手,在空中翻了两番。

回家看报纸,小胖说的是真的。漳州市教育局招生政策规定,从2006年起,市民营企业前一百名的纳税大户,其控股企业主的子女中考均可加分二十。同样政策,外商子女也参照执行。大概是这门生意很好吧,很快,该政策又调整为,只要纳税三百万元以上,子女中考就可以加分二十。

报纸上说了,这也是"以人为本"的国策,是"尊重关心民营企业家"的措施,是"推动民营经济发展"的思路,至于蝇头小民,给国家GDP做不了什么贡献,就回家让孩子鄙视去吧。

看到这样的政策出台，嗷嗷乱叫就不叫中国人了，这些年，老百姓早习惯了教育肥头大耳的形象。但是，我写这篇文章的原因，却是，老百姓对这种政策的接纳能力。

比如我们楼下小胖，就觉得做老板的孩子牛逼，有钱当然可以加分啦！他一边说着一边滑着溜冰鞋远去，而他的父母，一个护士，一个医生，看着儿子飞不起来的样子，说："烈士子女可以加分，有钱人也可以加分吧，都算是对社会有贡献了。"而我的父亲，做了半辈子中学校长，跟着发表意见："好歹这种政策是明着来，国家还赚点钱，总比落入私人腰包好，反正不给明策，也有暗方的。"

嗨，不用叹息了，腐败已经是我们的日常生活，它和油盐酱醋一样，没有人拒绝，也没有人质疑，甚至，就像我父亲认为的，明着腐败有它的好处，而且老百姓也普遍倾向于接受"用钱买分"的"公平原则"，所以，才十三岁的小胖可以理直气壮地看不起我："阿姨你还不如我们老师呢，她给我们做家教，一个月可以赚一万，她小孩在英国读书呢！"回头，他看看我们家胖胖，我帮他说，"没花头了。"

最令人渴望的鸭子

一九九二年一月,一艘从中国香港出发驶向美国西岸塔科马港的集装箱货轮,在太平洋上遭遇强风暴,一个装有两万九千只玩具的集装箱坠入大海摔裂,可是坏事里埋伏了传奇,这些玩具很快形成了庞大的玩具舰队,开始了至今长达十四年的海上漂流。

这些小玩具中,黄色小鸭因为色彩明亮泳姿可爱,所以,世界各地的报道中,都把这支队伍称为"鸭子舰队"。十四年了,很多很多个小东西失踪或上岸了,但截至目前,还有一万只鸭子在继续漂泊,等他们穿过大西洋,明年就能到英国。在全球涌现的"追鸭族"中间,这些勇敢的鸭子已经被爆炒到每只一千英镑。

黄色小鸭的追随者说,这些世界上最令人渴望的鸭子,有着"多么不可思议的乐趣和多么令人钦佩的勇气"。所以,看完这个报道，听到最近广电总局下令"全国各级电视台所有频道，每天十七时至二十时之间，均不得播出镜外动画片"，马上想到，嘿，多么完美的中国动画题材！关于广电的这招死令，虽然方方面面招来一片质疑，但从韩国电影电视的国家保护机制看，这未尝不是中国动画的一个"治不了本先治标"的替代性方案，如果中国鸭子能够不依靠远洋轮走遍世界，那么中国动画有什么理由非要靠进口奥特曼进口小丸子才能留住下一代？

BBC4台曾经对这些漂流小鸭做过一次报道，最后说，鸭子有鸭子的生活，即使塑料鸭子也不例外。但是翻过报纸，到娱乐版，却有另外的疑似鸭子报道：娱乐圈的潜规则如今已不只适用于女星，男星的"股价"正在节节上升。然后，报道毫不含糊地罗列了十大最高牌价的男生，从五十万到五百万不等，也就约等于几十只到几百只漂流鸭的市场价。这个娱乐新闻最后暗示，真正愿意做鸭子的男人其实不多，但是娱乐圈是残酷的。

娱乐圈是残酷的，惊涛骇浪的太平洋印度洋会更残酷；如果塑料鸭可以挺过来，食物链最上端的人应该有更多办法，问题就在怎么理解"鸭子有鸭子的生活"了。

恶搞

这些年，红色经典全面人性化，好人变风流，坏蛋有苦衷，性格有组合，而这种暧昧风气的群众基础，我疑心，互联网上的各类英雄段子是要负一些责任的。

最近刘胡兰又成了焦点人物，以她为例 GOOGLE 一下，她的牺牲出现各种版本，比如这个：敌人问刘胡兰：村里谁是共产党？刘胡兰回答：俺舅是共产党。敌人再问：你再说一遍？！刘胡兰再答：俺舅是共产党！！！最后，敌人被这个"俺就是共产党"逼疯了，残忍地杀害了十五岁的少女刘胡兰。

一般说来，看到这种恶搞，广大人民也就是笑笑，并不觉得恶俗，普罗借此抒发一些道德压力，可算是换气方式。但是，北京的一个所谓艺术家，整了个弱智形貌刘胡兰，头大脚小不算，还丰乳肥臀；而且，唯恐一个刘胡兰不够有震慑力，该艺术家一口气把董存瑞、王成等英雄也给残害了，同时，他还恬不知耻地发表展览讲话：在对于严肃英雄主义的消解后，牺牲变得更现代宗教化、更游戏化、更时尚和世俗化，用这样轻松的卡通形式去给每一个保留童年理想的人们精神上的轻抚。

弱智抚慰弱智，强暴代替温柔，所以，看到《光明日报》对美术界的这种恶搞进行官僚式批评，像我这样荣辱观念不强的人，也觉得是可以组织那些个艺术家，让他们自己丰乳肥臀地去游行，体验精神上的轻抚。

但是呵，在中国做人真是难的，我马上遭遇了尴尬，一个记者来问我：怎么看最近出炉的"网络视频短片将受监管，无许可证播放最高罚三万"。很显然，这个监管很大程度上针对的就是胡戈类"馒头"产品，简言之，恶搞犯法，成立吗？

我可以说，恶搞陈凯歌可以，恶搞刘胡兰不好吗？不过，我想有一点大概是明确的，刘胡兰看到自己被恶搞成这个样子，一定愿意再死一次；而《无极》遭遇恶搞，陈凯歌绝对不会自杀，他有别的道路让胡戈们为此付出代价。因此，我最后非常无力地回答记者，恶搞是可以的，但有本事就该去恶搞那些你搞不过的人。

顶个球

学校里有毛主席像，三四层楼高，是校园地标，我们系花读四年书谈四年恋爱，男主人公一届届毕业，都是在毛主席像下面完成分手仪式，她说那里比较适合分手，毛主席豪迈挥手的姿势对于泥足深陷者有强烈的提升作用，而且，事实似乎也证明了这一点，她的好几任男友从主席像那里精神升华再出发，现在都是执掌一方的人物了。

不过，现在的学生不这么看主席了，他们嬉皮笑脸地打他脚下走过，说，老毛的样子像在招呼：HI，TAXI！年轻的想法你挡不住，而且，没过多久，你就发现，毛主席像真的变成了出租招手处。

饭桌上聊起身份危机，西北来的大辣椒不怀好意地扫一眼桌上女宾，冷冷道：有闲心操心别人，自己身份危机了知道不？他说他们老家一高校正门有一女雕像，一手利剑，一手天平，大学男生管她叫"二奶要复仇"。大辣椒的长期对头小辣椒嘿嘿一声冷笑，从容咽下嘴里的"毛血旺"，说，好歹二奶还是女的，明儿我带你去北大走走，叫你知道，大学男生出来，当二爷都条件不够。

大辣椒倒也没话说，低头吃他的辣子鸡。这两天报纸上都登了，北大的那个著名雕像，德先生和赛先生，赛先生头上长期顶个地球，现在大球要变小球了，因为学校要在校内建高尔夫球场；再过两年，MBA班国学班的老板们不玩高尔夫球，改玩弹子球，赛先生也就改顶弹子球。反正，大学呢，会越来越有钱，赛先生的球呢，会越来越娇小。作家陈村因此明智地劝告大学男生：一夫多妻别想了，没有一妻多夫算你们额骨头高了。

大学要培养什么样的人，我们大学老师都不知道，现在社会上流行，大学读完再找个中专技校去回笼，家长也不唉声叹气，因为买卖双方都看透了，大学嘛，确实跟教育部新闻发言人说的那样，是一件品牌服装，出客穿的；平时呢，便装足够。不过，现在的问题是，虽然你一辈子便装工作，但如果没有一件品牌服装，你就没资格工作。

立伟打人洪峰乞讨

先 GOOGLE。

打入关键词"李杭育",第一条,"李杭育专辑";第二条,"杭州著名作家李杭育打人"。基本上,这是李杭育最近二十年来两次大出风头的梗概。神圣的八十年代过去后,作家靠作品进入人民群众的生活,除了有"兄弟"帮忙,一般不可能。

所以,作家火气大啊,湖南作协副主席何立伟冲进湖南作协办公室打了湖南作协副主席王开林——抱歉,我这话写得跟绕口令似的,那你只能怪湖南作协副主席多,我这还没提旁观的一个作协副主席。据何立伟介绍,他副主席打了副主席后,作协大院差点放鞭炮,因为王开林在他的小说《文人秀》中全面妖魔化湖南文坛,把所有人都写得非常不堪,都是男盗女娼,所以他这是为民除害。

何立伟接应了李杭育,网上纸上,作家又火了一把。在这个年代，作家的非正常出名和诗人的非正常死亡一样正常，这不，立伟打人还没了断，洪峰乞讨又上了场。沈阳市青年大街，一中年男子，脖子上挂一纸牌当街行乞。纸牌上写，姓名：洪峰；职业：中国作家；作品：《瀚海》《东八时区》《和平年代》《生死约会》《中年底线》；工作单位：沈阳市文化局。很多人认为洪峰乞讨是行为艺术，但洪峰自己说，他确实需要钱，他需要钱给妻子化疗，而他供职的文化局不仅不帮忙，还扣压他的糊口钱。

　　本来呢，作家打人和作家乞讨不过是今天文化生态的一部分，也没特别激荡我的日常生活，"不蒸馒头争口气"啊！可是，刚巧当代文学上到"寻根和先锋"，躲也躲不过，学生前所未有地兴奋，拿韩寒的观点来考验我：韩大师认为洪峰是被包养的，是"二奶作家"，老师怎么看？作家还是时代的良心吗？

　　整个教室火眼金睛地看着我，好像我交不出辩护状，当代文学就不用上。TMD我当时就腾腾腾气急败坏了：用韩大人的逻辑，他又是谁养大的？二奶。这样欺师灭祖，也就难怪文学薪火不传，然而，在这个年代，作家没一点二奶脾气，还真没法活。

不是布什，是牛

　　学校的柳树发出新叶来，走在十二月的大雾里，不知是春天来了还是冬天近了。站在教室，亦是四顾茫然，有人穿短裙，有人着棉袍，学生嬉皮笑脸地来跟我商量，北冰洋三十年内就成公海了，老师我们期末考试就简单点吧？

　　是要简单点，全球热烘烘，北极熊不冬眠，四季不再循环，联合国最近公布的环保报告也说了，今天气候的头号公敌不是汽车，不是飞机，也不是布什，而是牛！所以，事情越来越简单，只要把牛杀了，问题就解决了，就像三百年前，斯威夫特写下的《一个温和的建议：为使爱尔兰穷人的孩子不致成为父母或国家的负担，并使他们有益于社会而提出》。这个"吃掉穷孩子的建议"大概是英国文学史上最令人心碎的作品，但这个愤怒之极的思路今天却堂皇地出场了，牛造成的问题，难道还能让资本主义负责？

不能让资本主义负责,相反,我们要为资本主义背书,最近,中央电视台的《大国崛起》风靡大江南北,这部纪录片十二集,讲述世界历史上九个大国的兴盛过程和原因。看一下纪录片的美国篇章,就知道资本主义是多么牛逼。"五月花"时期被写得花一样,印第安人的鲜血成了朱砂痣,独立战争则是明月光,月光下的侵略消失了,黑人啊掠夺啊垄断啊,只是资本主义的一个侧面,"技术宪法自由"才是正面的值得借鉴的东西。

纪录片最后一节,这样总结大国崛起的共同因素:重视科学和教育,建立起适合本国国情的政治经济制度,善于学习但绝不简单模仿别国的道路,后发国家在国家力量主导下加快现代化步伐等。这些共同因素,从小学课本到大学课本,从来没有缺席过,就像伴随我们长大的"少生孩子多种树",嘿嘿,问题是多么一目了然,如果我们中国人不是这么能生,国家早就富强了,大国早就崛起了。

这几天,央视一直在媒体宣称,《大国崛起》和"和平崛起"没有关系,但是如果纪录片本身的思路这么简单,难道还能叫老百姓把事情兜复杂了?

赛末点

当年的系花打来电话,说最近几乎被摧毁了。我冷冷一笑,你也有今天,怨有头债有主,被你摧毁的生灵还少吗?我的一个表亲就没逃脱她的魔掌,她说喜欢诗歌,大学四年他写了四年诗,临毕业她却点题说喜欢的是英语诗。

喜欢英语诗,现在报应来了。这几天,有五星级英国商团访华,任务严峻,公司总裁特别指定她随行翻译。翻译小意思,但是总裁一出场就是华兹华斯的中文版:"同一命运,同一希望;同一生涯,同一荣光。"她虽然勉强把意思传译了,但鬼子只是礼貌笑笑,飞流直下"三千尺"回流成"three thousand chi",人家能动容吗?

最近正值中英文化蜜月期,伦敦地铁有白居易,上海车厢是布莱克,所以,就算是锱铢必较的贸易洽谈,圆满结束时分一定要来点葡萄酒来点诗。可怜我们的系花,最后捧了圣经厚的《英诗金库》,忍辱负重地去找总裁,希望他明示,下一轮会谈将用哪首诗。

说不清楚,伦敦上海地下铁里的那些穿着外交衫的古典诗歌,是诗歌的堕落还是飞升,就像我说不清,比如,今天的母亲节吧,大传媒小报纸都在声情并茂地叫:"妈妈,您辛苦了!"这种局势,再不拔腿去给妈妈选礼品,是不是就禽兽不如了?

整个下午,我挣扎着要逃逸这个母亲节,而就在这样的语境里,我看完了伍迪·艾伦的新片《赛末点》。自然,像所有的伍迪电影,这部电影也有很多片中名言可资总结,诸如开头的 You save the match point, your match goes on, 凶手最后拿到了赛末点,被伍迪当着全世界观众的面释放了。所以,好莱坞评论说,还是老主题:"悲剧加上一点点运气,锐变成喜剧。"然而,喧嚣的母亲节广告,却让我觉得,伍迪拍这样一个电影,不光是为了重复过去的主题,他似乎要用这个道德暧昧的赛末点来对抗这个世界的逻辑:看,真相就像赛末点一样没有道德;或者说,道德就像赛末点一样随意。

换句话说,母亲节里,行动或不行动,不过是一个语义不清的赛末点。

就怕不乱

每晚九点,我们家阿姨锁定上海生活时尚频道,等看情感问题节目《心灵花园》。每次,我打电视机前走过,她就非常热切地劝我:一起看,比电视连续剧好看!盛情难却,我跟着看了几次,的确可以比肩欧美大片。

二十岁的女孩,还没结婚,但是怀孕了,那是《威尼斯荡妇》;三十岁的男孩,被自己的女上司看上了,乃《桃色机密》;还有《洛丽塔》,四十岁的女人,发现二婚的丈夫喜欢的是自己女儿……

当事人对着镜头,一会声泪俱下,一会怒火滔天,控诉男人猪油蒙了心,指责女人青天瞎了眼,越到隐私处,主持人越耐心,虽然节目的本意是心灵修补,但基本以隐私展览告终。心理学家的分析不可谓没道理,但最终煽动的,是观众的窥视欲。有一天,两个亲家母在镜头前对骂起来,我的手机短信就呜呜来了三个,"百年难遇,速看生活频道。"

真叫我们碰上了百年难遇的好时光,自从江苏卫视的《超级辩辩辩》大秀生活原生态以来,天南地北,老百姓的感情生活受到了热烈关注,北京有《生活广角》,天津有《夜阑情深》,湖北有《今夜情缘》,浙江有《情爱传奇》,上海还有《情感方程式》,怎么离谱怎么来,婚外恋被多角恋淘汰了,多角恋又被乱伦比下去了。总之一句话,乱怕什么,就怕不乱。

十分钟插播一次广告,你就知道这类情感秀多么赚钱,而且,说句公道话,这种节目也的确有些场外治疗作用,比如我家阿姨,每天看完,会说,看看人家屋里厢这些乱七八糟的事体,想想自己日子还算好过的。她满足地打个哈欠去睡觉,节目制片人就可以振振有辞了:为创造和谐社会而努力!

但是,我却一直难以忘记,大学时候,同桌找了个心理系男友,他号称会催眠,会测谎,可他从来没有测出过女友的谎话,而且,他自己还靠安眠药入睡。联谊舞会上,他的那些心理系同学,是最怯场的。我不知道是自己从来没有见识过真正的心理医师,还是当代生活,根本不是心理医师可以把握的了。

无名指比食指长

老公看完《信报》，兴冲冲跑来，把他的双手摊我面前，不无诡秘地说："仔细看看，食指长，还是无名指长？"我回他一个"你发神经"的眼神，然后瞥了一眼，回答他："无名指长，怎么了，谁都这样。"他叹息一声："好好看看林行止今天的专栏。"

说着，把当天的《信报》放我眼前，已经用红笔圈了一段出来："统计显示，无名指比食指长的人，睾丸激素较高，等于男性荷尔蒙旺盛，是'大男人'。"当然，接下来两句，他没有圈出："但'英雄难过美人关'，他们一见美女便被'溶化'。"

我哈哈笑过，突然想到，要是这个"无名指和食指的比率"是一种性征，那么天天锻炼无名指，大约可以成就超男。而一旦这个消息落入"联想"手中，市场上就会适时地为男士推出一款新键盘，一款不用食指的键盘；风起云涌地，男人会锻炼用拇指和无名指用筷子，用无名指按门铃，用无名指脱衣服，用无名指推动生活事业爱情。沧海桑田，男人和女人的最明显分别会是，女人有食指，但男人食指基本退化。

　　回过头来看林先生的文章，"美女促进消费"也许就能带来一个副产品，"伟男引发商机"。我不懂经济学，读林先生的文章，最有心得的（哎呀，真是得罪）是这些有情有色的细节，这让我们普罗感觉经济学也肉感可亲有心跳。比如这个"无名指"的讲究，我两次在饭桌上提及，每次全体食客都齐刷刷地举手，又是正看又是反看，自己欣喜了还不够，非要左邻右舍都惊叹——"啊呀，你的无名指这么长啊"——才恋恋不舍地把手放下。其中，有一顿饭，就是无名指和食指比例惊人失调的小宝先生最后埋了单，他实在很兴奋，连说，以前还不爽，食指这么短！

　　小宝此后又接连地召集了几次饭局，那些拥有加长无名指的都自觉地掏钱请客，因此，五一期间上海餐饮业无比火爆，和林先生的文章一定是有些干系的。而如果我没猜错的话，读到这里，您一定已经比划过自己无名指和食指的长短了。

枉担了虚名

在学校门口上了出租,司机爱说话,聊了一会就问我,今朝教师节,发了几钿?我说我们学校很穷的。他溜我一眼,是不是学校不让说?这年头,一个寺庙有钱,一个学堂有钱,教师节,起码五千块吧?

我告诉他,我一个月工资就三千,他就不理我了,认定我虚伪。我也懒得解释,全国人民都会这样想,我还理论啥。像我们家阿姨就会算,她儿子上大学,一年一万,一万个学生就是一亿元,那我们老师一年没十万廿万,蒙谁?何况,天天都报教育乱收费,教师不富,天理难容。

可是,我们老师聚在一起,经常的话题还是,索性放下架子开个火锅店,也不用为一年几万块里外不是人,所以,天地良心,教育乱收费,我们没分赃。那么,白花花的银子去哪里了呢?

趁刚开学，跟我到大大小小学校走走，看到没有，大路又修小了，小路又拓宽了，栏杆拆了，椅子挪了，能贴瓷砖的都贴了瓷砖，能搁盆景的都搁了盆景，这些，都是传说中进入我们老师口袋的钱。当然，硬件建设还花不了一亿。教育部最近颁发新规定，要实施"111计划"，什么意思呢，我们要从世界排名前一百位的大学或研究机构的优势学科队伍中，引进一千余名海外学术大师，借此组建一百个世界一流的学科创新基地。当然，这个"111计划"强调，学术大师年龄最好不要超过七十，除了诺贝尔获得者。

诺贝尔自己都说过，所有的创新意念都来自青年时代，他活到六十三，三十岁时候最天才，但我们中国人不相信，我们有成语"老而弥坚"，"姜是老的辣"，我们尊老，我们让思想爆炸时代的诺贝尔跑到美国去，等他们没了火药味，弄回来养老，顺便带回他们在学术舞台上的各面锦旗。至于把一个老诺贝尔请回来的代价是多少，大概是我们全院全部中国教师的总收入。

但老诺贝尔为我们做了什么，除了带走我们美丽的姑娘。当然，我这样说，非常刻薄，不过，让我帮小宝发泄一下嫉妒吧，因为祖国还夺走了他爱情的地平线。

或者恐怖或者搞笑

和学生聊天，问平时都看什么，大多数说影碟；再问看什么影碟，就有热烈的声音说，或者恐怖或者搞笑；再问，就听到周星驰希区柯克这些名字，还特别表态我们大陆不会恐怖不会搞笑。

这样就议论起来了，枪打出头鸟，学生不约而同把矛头指向三大导演：张艺谋、陈凯歌、冯小刚都去拍"申奥大片"，中国电影人当然都想跟着"英雄"去赴奥斯卡的"夜宴"喽。

可是我不同意。据我观察，我们日常生活中的两个关键词，就是"恐怖"和"搞笑"，当学生描述中国电影时，他们屡屡用到"恐怖"，提到《英雄》《无极》《夜宴》时，不约而同使用了"搞笑"。这样，换个角度，可以说，我们盛产恐怖导演和搞笑电影，当然了，这种恐怖和搞笑又是非常后现代的，是元恐怖和元搞笑，是自毁长城拿自己开涮，虽然大师们的初衷很磅礴。

中国观众有福气啊！恐怖和搞笑早就是我们的日常生活，电影人只要肯回到日常，随随便便就是一部恐怖搞笑片。比如说吧，《红心鸭蛋》就会是一个很好的电影题目：黄昏时分，一家三口都昏迷在饭桌上，他们手中，都握着一个红心鸭蛋。

当然了，没有我们大陆的生活语境，要看懂《红心鸭蛋》是有一定难度的，就像外国人看《夜宴》，听葛优人模人样说"我泱泱大国，应以诚信为本"，并不觉得什么，但在中国电影院，全场笑哈哈，冯大师听说了，就很不高兴，觉得自己观众素质不能跟洋鬼子比，但上帝作证，葛优演情种，赵本山新闻联播，人民群众能不乐吗？但问题在于，冯大师们已经没有本土感觉了，他们洋腔洋调，两眼一抹黑地让葛优不断为章子怡按摩，让章子怡给吴彦祖洗头，乱伦到山河变色，用一枝暗箭收尾，好像意味深长，其实草包一团。

不过呢，盗版上市，我还是建议你买一张看看，因为这样的中国式恐怖和搞笑，恐怕过几年也没了，等到满城尽带黄金甲，我们大概会另辟申奥路，就好像肯德基禁用苏丹红，苏丹红就找红心鸭蛋去了。

花招

恺蒂送了我一本豪华书，1001 MOVIES，封面上还印着：死前必看。我老公算了一下，每天一部，也得三年，所以，他抓狂地跑到楼下，一会工夫，买了十张影碟回来，准备吃伟哥了。

然后，他蹲在电视机前，权衡先看哪张，一个叫《黑色大丽花》，封面是个惊恐的黑色女郎；一个叫《艳尸案中案》，封面两男两女五花肉方式排列。不过，马上听他骂了一句他妈的，原来两个封面一个姑娘，都是 BLACK DAHLIA。当然了，见怪不怪，这年头，谁家没几十对双胞胎。甚至，像罗岗这样的碟仙，有时明明怀疑有陷阱，还是要尝试一下，有一回，在学校后门的盗版店，看到一张封面极有情色嫌疑的《绿光》，他死活想不出电影大师侯麦的这部电影里有什么三级镜头，但不放心，疑似未删节版，弄回了家，发现封面的情色照是主人公房间里的装饰画。

不过呢，话说回来，这些影碟，虽然玩些花招，毕竟是愿者上钩,不像商店饭店的广告词,谁信谁中邪。朋友小胖,世界杯时候靠世界杯菜谱赚了一票,决意见好就收,最后一天,我们去他徐家汇店临终狂欢,却意外发现店门口贴了个崭新的招聘广告:急招传菜员,旁边还有三个鲜红的感叹号。要他解释,他却骂我们弱智,骂我们和社会脱节!果然,天钥桥路上走走,九个餐厅有八个在急招人手,家家生意如日中天,其实明天人间蒸发。

这样,为了不和社会脱节,四年级的课堂里,男生中途手机响,我装着没听见;女生开始求职前美容,咧嘴一片银光闪闪,我很懂事地说牙箍挺漂亮;还有的,整年没见到,期末突然坐在考场里,我也只和他相视一笑泯恩仇,而教委检查团来的时候,他们也很义气地向我保证:放心,肯定给你面子,一个都不会少。

真的,我挺感动,检查团来那天,教室里史无前例地坐满了,全体同学按照学校规定,齐刷刷起立,齐刷刷对我说:老师好。可是我过于紧张了,对着青春的脸庞,怯生生又说了一遍:老师好。

鲁迅和大闸蟹

今天报纸，不是鲁迅头条，就是大闸蟹头条。鲁迅先生辞世七十周年。大闸蟹体检出致癌物。

本来呢，鲁迅和螃蟹是无论如何不能相提并论的，成何体统！鲁学专家那边已经给颜色了。但是，或许其中还是有些天意的吧，再说，鲁迅先生自己大约是不会介意和螃蟹在一起的。

在《论雷峰塔的倒掉》里，鲁迅骂了一句"蟹和尚"法海"活该"，但看得出来，他是喜欢吃蟹的："秋高稻熟时节，吴越间所多的是螃蟹，煮到通红之后，无论取哪一只，揭开背壳来，里面就有黄，有膏；倘是雌的，就有石榴子一般鲜红的子。"最后，关于蟹和尚法海，鲁迅幸灾乐祸了一下：雷峰塔倒了，但法海却还得躲在蟹壳里，"非到螃蟹断种的那一天为止出不来"。

但世事的变化就像鲁迅突然要另写一篇《再论雷峰塔的倒掉》，因为听说雷峰塔之所以倒掉，是因为乡下人迷信塔砖，于是这个挖那个挖，活生生挖倒了雷峰塔。如今，"非到螃蟹断种的那一天"也终于来了！怎么来的呢？养螃蟹的人自己挖来的，他们给螃蟹吃氯霉素吃土霉素吃硝基喃，直到螃蟹不蟹，一个个变身大毒物，自己断种。

　　然而，如果你因此大骂养螃蟹的黑心，却还是要思量一下的。比如，我们家阿姨，一早下楼拿上《东方早报》，看到大幅标题"大闸蟹台湾检出致癌物"，却欢欣鼓舞，因为这意味着今天大闸蟹又要跌价。吃过晚饭，她就欢欢喜喜地去菜场，明天老公可以黄酒螃蟹了，大闸蟹的这点毒，只能吓住热爱生命的人。所以，感谢氯霉素，否则今天的大闸蟹哪能轻易爬上底层的餐桌。

　　关于雷峰塔的倒掉，鲁迅在《再论》里，就再也没提法海，事过境迁，雷峰塔的倒掉，不再是法海的"活该"；而今天大闸蟹的自绝于人民，也就变得非常暧昧。所以，超市里看到大闸蟹的包装——八雄八雌，盒上是齐白石的水墨螃蟹十六个，一旁批着"一路横行到几时"，上书"河蟹社会"——不知是该替法海高兴，还是难过。

过，还是不过

圣诞已经过期，"过，还是不过"，还在网上热热闹闹讨论着。事情起源于十博士联署的《我们对"耶诞节"问题的看法》，该文郑重呼吁国人慎对"耶诞节"，走出文化集体无意识，挺立中国文化主体性。听说最近在香港召开的一个国际学术会议，也因为这场争论改变了会议议程。

各大论坛都为此开辟了战场，而讨论也早已跃出要不要过圣诞节的范畴，从如何反对圣诞日，如何对抗圣诞夜，到如何重振国学，如何恢复儒学，如何实现大国崛起，王道霸道不一而足，江湖乱诸侯起，大家都仿佛手握千斤顶，时刻准备四两拨千斤。

本来，我对圣诞的感觉，就像亿万老百姓一样，如果能休息个半天一天，就是好的；不给休息，到处张灯结彩，喜庆一下，也是好的；但这些年，圣诞卖得太好了，不给孩子买圣诞礼物，成了没爱心的家长，圣诞夜不出门花点钱，就得自嘲，我们老了世界是你们的。一年又一年,圣诞节成了检测我们青春和爱心的试纸;一年又一年,我们的口头禅从"菩萨保佑"变成了"上帝保佑"。所以,博士们发动反对圣诞,我在理性上是支持的。

但是回家的公车上,恋爱中的一对男女,紧紧拥抱着,幽幽叹息着,圣诞节太短了。隔了一会,男的说,我过了年马上回来的,也是没办法。公车在华山路上慢慢滑行,满街还是圣诞树和圣诞老人,我突然觉得年轻人那么喜欢圣诞,不全是儒学家们说的那样。因为圣诞是天经地义不用回家过的,因为圣诞是名正言顺让恋人厮守通宵的,而在一个独生子女的时代,圣诞还能解决节日难题,圣诞陪你妈,元旦看我爹。当然,我想最喜欢圣诞的,还是那些不由自主的婚外恋人士,对家里说,谁过洋节啊!对家外说,我们一起过圣!诞!

所以,我最后决定不反对圣诞。再说了,诸如"过,还是不过"问题所衍生的国学热,已经变成超级MBA,与其让孔子站在圣诞老人的位置上,还不如让圣诞老人自己老死在寒风里。

发廊姑娘

小区边上的旧楼被夷平了，开始说要改绿地，大家还将信将疑着，建筑公司的大批民工一夜之间就和我们比邻而居了。然后，对面的小街突然就开出了小饭店，开出了拉面馆。虽然是新开，小饭店和小面馆都看着脏兮兮的，但浓油赤酱的倒是马上红火起来。

每次打那里走过，总能看到"兰州第一拉面手"在店门口挥汗如雨，他年纪很轻，沉重的劳动还没有没收他的笑容，但主持业务的哥哥却从来不见笑，他的脸扑克牌一样，大概只有遇到一张小扑克牌，才会有喜色。可是，接着发生的一件事，改变了拉面馆的气氛。

像所有建设中的地区，哪里造房子，哪里就有发廊。不到一个星期，我们家对面开出了四个发廊，发廊门口旋转着霓虹灯，热热闹闹地贴着章子怡成龙王菲李亚鹏周迅，民间对明星生活有自己的判断，所以，章子怡在媒体面前再辩解也没用，她的像紧贴着成龙，粘了一辈子似的。

这样，朋友来我们家，都哇哇叫，红灯区嘛，牛！的确是有点牛的，家里没什么犒劳朋友的，但小街上遛遛，个个都叫不虚此行。不管冷热，发廊里总是三五女孩，比基尼穿着，面朝小街，山花烂漫；而更值得看的是，外面徘徊的民工，有的装着点烟，有的蹲着嗑瓜子，有的骑车一圈圈回来，这样子彼此僵持着，搞不清谁在垂钓谁在呼唤，总之，原来老人小孩晚上消食的小街，很快变得暗涛汹涌，无声胜有声。

后来就听说第一拉面手看上了第一发廊女，而且，态度明确，不许她另外做生意，同意，就娶她，不同意，宰了她。事情呢，就像新民晚报上常出现的那样，发廊女明里同意，暗里偷渡，说辞是为了以后生活容易些。拉面手第二天就砸上门去，在派出所关了几天出来后，爱情没有了，笑容也没有了。

我们小区的保安说，这种事情，数也数不过来，然后，他眼神迷离地盯着对面发廊，突然说出一句三十年代电影的台词，上海这个地方，蛮作孽的。不过，作孽归作孽，他这个外乡人，还是选择留下来。

你也签一个吧

小宝花血本请小S吃饭,但是迟迟进不了主题,整个饭店的服务员都来服务了一下,一步一回头地离开,走前还索取小S的签名,最后,当值服务员看小宝可怜,把笔递给小宝,施舍地:你也签一个吧。小宝心头悲愤,挥笔写下:钱锺书。

不过,小宝要是到上海书展走走,看到我的遭遇,就会心中释然了。那天是文汇出版社推出文汇报笔会六十年精选集,跟在王安忆等大人物后面,我小人穿长衫,也坐台上了。队伍排很长,窃窃喳喳地,不断有人问,哪个是王安忆?其实王安忆就坐在头上,不过被围困着,台上一溜八人,我坐在末尾,签到我这里,人民群众也有点累了,体贴的说"今天值了,介多签名",不体贴的嚷一句"还有一个,倒蛮格算",反正你自觉就是买一送一的后面那个"一"。

所以,陆灏说,译文社的狄更斯全集不应该特价出手,随便路上找个有胡子文静点的外国老头,在书展里摆个摊头,就说狄更斯签名售书,肯定人山人海。上海人没功夫看名著,但排队等名人签名还是肯的,就算这名人早死了,跟媒体也可以解释,狄更斯后人,自然也叫狄更斯。

还听说有个签名狂,哪有签名哪有他,要碰到《李鹏日记》这样上电视的大型签售,那肯定是天蒙蒙亮就去排队了,为什么,因为记者总是采访第一个签到名的人。所以,有一回,小宝的《别拿畜生不当人》签售,签名马上要开始了,记者还没出现,签名狂就急了,自己给电视台打电话,说飓风书店有重要文化活动,请他们马上派记者过来。

嘿嘿,有"五千万身价"高级公民,看到人民群众这样憨,一定心里发笑吧。先托住下巴,别笑早了,人民群众还笑你们呢,有五千万身价(只有"所管理企业的资产达五千万以上的总裁才有资格"),还跑北大高级工商管理总裁班去盖个签,一个签几十万,一年到头还没见几个人头,那不是发傻是什么?所以,大人大玩,小人小玩,太阳不落,人各有志。

阿姨的第一次

朋友嫁了洋鬼子,回国补办婚礼。鬼子只会说"啤酒"两字,朋友又是第二次婚姻,加上漫长的国庆为大家都积蓄了能量,所以,这次婚宴就闹得有些厉害。

我家阿姨一起去的,她看洋鬼子跟女士都拥抱亲吻,直盯盯地回不过神,我老公见状一脸严肃地预警她:等会儿,鬼子到我们这一桌敬酒,也要和你拥抱亲吻的,你准备准备,把脸擦一下。阿姨大惊失色,连说不行,说一辈子和老公都没这样过。我老公更煞有介事,说:拒绝很不好,影响国际关系。阿姨心事重重了,嘀咕说:这要让老头子知道,还不知道会发生什么事呢。

很快,事情发生,鬼子过来,在我们的怂恿和起哄下,热烈地拥抱了我家阿姨,亲吻了我家阿姨。下半场酒席,阿姨一直红扑扑的,也不知道是苦恼还是欢喜,她给我们宝宝喂了辣酱,还喝了甲鱼汤。一直到我们回家,她还怔怔忡忡的,问洋人男女是不是一碰到，就这样的？我们也有点酒意，告诉她，那也不一定，碰到喜欢的，才这样。

  第二天，我们也把这事给忘了。日子照样过，宝宝照样长，但是，吃晚饭的时候，宝宝突然唱了一首新歌："幺妹呀幺妹，你是天上的丁丁猫，我是地下的花蛾儿，你飞天上打转转儿，我在地下扯旋旋儿。"他这么唱的时候，阿姨突然就红了脸，往他嘴里塞了一大口饭。不过，等阿姨一个人在厨房洗碗的时候，我们在客厅里还是清清楚楚地听完了整首歌："你是天上乌鸦飞啊飞，我是地下哈毛狗儿跟倒垒。我们两个的爱情，好比是红星大队地头的包包白，越长越大，越裹越紧！"

  这是我们第一次听儿子唱"小花小草"以外的歌，第一次发现阿姨半夜睡不着，起床看青春偶像韩剧《蓝色生死恋》，也是第一次，我们发现，平时对阿姨投入的感情太少了，一个不那么严肃的拥抱，给了她多么严肃的震动啊，虽然半夜三更，她大概还是会犹豫，要不要把国庆的这个拥抱，告诉远方的"丁丁猫"。

买双丝袜吧

天钥桥路水泄不通,商场里全是人,商场外也全是人,一个女人在推销一种丝袜:"十年不磨损!十年保平安!十块买三双!"她一只手握一叠十元钱,一只手套一个黑丝袜,旁边围一圈人,都去摸摸她的手。女人也很兴奋,对着扩音器叫:"你摸摸你摸摸,买不到的。"

我好不容易抢了一辆出租车,在一群等车人嫉恨的目光中,舒服地吸了两口暖气。司机看了看车窗外,说,TMD,一到年底就抢钱!我几乎是讨好地附和他,是是是!年关时候,出租车生意好了,司机的脾气也大,再说,这几天,因为全社会在轰轰烈烈地讨论"撞伤不如撞死"的问题,司机朋友分担了很多恶名,所以,心里都有气。

这个司机就跟我讲,类似都江堰国堰宾馆发生的惨剧———一辆奔驰将三岁小男孩撞倒后,两男下车看了看,上车,奔驰再次启动，倒退着再次碾过男孩。同时，旁观者听到车内有叫嚣声，撞死赔钱呗——一般也只有宝马奔驰级别的车敢干，我们普通出租碰到这种事，早就四肢发冷全身软掉了。就算有人心里想着"撞伤不如撞死"，也没那胆气去做，做坏事情要能力的。

　　我看看司机，觉得他的话倒比这几天的时评来得切题。奔驰车再次杀人事件发生后，全社会舆论自然是一片哗然，但检索几家重要媒体的发言，居然都是在讨论公交法的量刑是不是真的像民间流传的"撞伤不如撞死"，当然，如果能在全社会树立"撞死不如撞伤"的观念，中国人口或许能稳定点，但是，奔驰车再次碾过的哪里是死和伤的界限，它以最大的恶意碾碎了这个世界的相处原则，而媒体的荒淫却在于，当人性沦丧的时候，我们却在用法律代替常识检讨这个事件的因果和逻辑。当然，用这个出租司机的逻辑，我们大约也知道媒体的为难，讨论公交法规是可以的，但起诉奔驰大概是要能力的。

　　媒体里奔波的也是普通人是没能力的人，但这个世界已经决意不保护我们，怎么办呢，去买双丝袜吧，讨个口彩也好，保十年平安呢。

儿子

儿子在小区儿童乐园玩,折断了人家大孩子的遥控车天线,两个大孩子就押送着他上门来索赔。他父亲急急忙忙把钱陪了,回头看看仍然一脸兴奋的儿子,庆幸弄坏的只是玩具车。

接下来一晚上儿子都情绪饱满,大约自觉干了件大事,引起了各方关注,在我们跟小区保安聊起这件事的时候,他就高叫:"乔乔干的!"也就在那么一刹那,我突然觉得,这个两岁的孩子开始拥有自己的人生了。

孩子还没出生的时候,就有很多朋友来说,以后一定要写宝宝日记;也有做出版的朋友怂恿,写一本妈妈日志吧!然而每次嘴上说好,从来没有行动,想着所有的孩子还不一个样,一样哭一样笑一样地撵着小狗跑?但是,当他大叫着"乔乔干的",大叫着试图轰动这个小区时,他那呼之欲出的加入世界的热情,让我们觉得该为他建立档案了。

乔乔长到七个月的时候会叫爸爸，一直到十七个月才会叫妈妈，而且据我调查，这种先叫"爸爸"的现象在小区里很普遍，所以，诸如"'妈妈'是人之初的第一个词汇"也就证明是个温柔的谎言。当然，这让乔爸很高兴，一个星期天早晨，他对儿子进行了长达半小时的教育，过了一会，他抱着七个月的儿子出来，先问他："谁是世界上最好的男人？"儿子朗声答道："爸爸。"他继续："乔乔最喜欢谁？"儿子继续："爸爸。"再问："妈妈最喜欢谁？"再答："爸爸。"爸爸于是真就集万千宠爱于一身了。

父子其乐也融融的场面令人沉沦，所以，为了激发自己的斗志，我们经常的一个话题是，想象二十年后被儿子抛弃的场面。那时，他染绿了长头发，穿着满是洞眼的牛仔裤，冷冷地打来电话，说这个周末仍不回家，因为我们反对他和一个妖里妖气的女郎约会，他已经搬出去住了。

我们越想越凄凉，决定还是趁早棍棒之下出孝子，但等他早上醒来，甜蜜蜜一声爸爸，便重操孝顺父母的营生，甚至想着，人生只有一次，儿子只有一个，宠坏就宠坏了。

第一次在专栏里大写儿子，下不为例。

回家

　　这条路线我走过很多遍，刚开始的时候得十个小时，因为学生票，常常只能买到夜行慢车，车子在嘉兴停的时候还有一定能见度，到杭州就墨墨黑，到宁波天蒙蒙亮，到家的时候，外婆一定起床了，在门口看着，看到我了，倒折回屋里去，去弄早饭。

　　二十年了，她每年两次等我回家，像所有没心肝的游子，我只觉外婆的等待天经地义，天下的外婆都这样，我大学同屋的外婆有一次来，坐完长途汽车的红烧肉还是温的，而她内衣上的红烧肉汁，还让我们笑了一星期。

　　可现在，我们都笑不出来了。夜行慢车很早就不坐了，以前一直遗憾看不到沿途的风景，现在上了火车就假寐。回家呆的时间也越来越短，每次也跟外婆说不上很多话，她的生活没有变化，梁山伯和祝英台，林妹妹和贾宝玉，文官执笔安天下，武将上马定乾坤，她一直操心的，以前是我是否吃得饱，现在是老公待我好不好。她是外公家的童养媳，童年吃不饱，外公待她也不好，所以她永远不明白减肥啊女权啊。而这些事情，现在离她是更远了，因为现代医学宣布她到了弥留之际。

我接了妈妈的电话动身的，说是医生放弃了治疗，外婆也不愿呆在医院。清晨的火车带我回家，一路都是广告："送什么给亲人？"以前一直跟外婆说，要给她买世界上最大的电视，可现在她的眼睛因为怕光，已经睁不开，而且，就算睁开来，也看不清什么，幸好，她的听觉没坏，我刚进门，她就说，你这么忙，还从上海回来？之后一整天，她就没力气说第二句话。我在她床边坐了一个下午，又赶回了上海。

回上海的列车在暮色里启动，跟我十八岁出门远行时一样，不过那时外婆还能帮我提箱子，一路不停问我，穿得够不够？当时盛夏，我浑身是汗，是即将进入新世界的激动，对外婆甚至有些不耐烦。列车启动，把外婆的世界抛在身后，我还感到一阵轻松。但这些，现在都重重地还给我了，苍天在上，让我再有一次机会，坐在外婆的床边，回想在她身边的日子。

晚明的鳖

大螃蟹上桌的时候,子善老师突然很沉痛地说,斑鳖圆寂了。一桌十四个人,没看过当日新闻的,听到"斑鳖"以为是哪个高僧的法号,问是哪个寺的,苏州西园寺;得寿多少,四百;大家吓一跳,原来不是人,是龟。阿弥陀佛,那是晚明的鳖!

四百年啊,饶是宝爷沈爷这样人间横行的,一时间也起了敬畏心,收回嘴边荤话,心情沉重说道,要出大事!这不,一个夏天,报纸上登了多少讣告,光娱乐圈就牺牲了两个手指,前赴后继,安东尼奥尼跟着伯格曼,侯耀文带走文兴宇,眼下,咱们斑鳖又把世界第一高音帕瓦罗蒂叫走了。当年段子里讲,帕瓦罗蒂过海关忘了带护照,海关让他证明自己,他一亮嗓子,九个高音C,全世界别无分号,过去了;然后马拉多纳入关,他拿出球在脚下盘来盘去,半个小时没人抢得到那个球,也过去了;跟在后面的人,站在海关就哭了,说我不会唱歌不会盘球,我什么都不会，海关更快地放他过去了，因为全世界也就一个。这最后一个人，有说是小布什，有说是陈良宇，版本很多，这里揭过不提。

斑鳖走了，帕瓦罗蒂也走了，而用臧克家的标准，"有的人活着，他已经死了"，陈良宇也就算走了。这几天，传说陈良宇不甘心一个人走，所以马勒别墅又来了几百人，要彻查上海。真的是要彻查，怎么陈良宇下来以后，上海房价还在蹭蹭蹭往上涨？至于我这种不懂股票不懂基金的，饭桌上就成了零余人，谈笑间，几百万走了，几千万来了，所以，听说现在校园里的爱情人口要低于股市人口，因为后者更激荡人心更欲仙欲死。这样，当梁文道说，想去大学体验生活，因为最近要做一期有关爱情的节目，沈爷便嘿嘿冷笑，大学美女都有经纪人的，你既不拍大片，又不办奥运，还不懂股票，凭什么！

于是都有些丧气，陆公子更幽幽说道，还是斑鳖幸福，他一定是见过柳如是的，噫吁嚱，宝爷口占一绝：生当作斑鳖，活他四百年，看过柳如是，再见沈宏非。

去年

去年，我失去了一个亲人。外婆虽然以九十岁的高龄离开，但是抱着她的遗像回到家，看到她睡过的房间，床已经撤掉，阳光照在她生前抚摸过的桌子椅子上，无限伤感。外婆和外公合葬在高高的山上，砌墓穴的时候，我内心在说，外婆呀，下辈子不要投胎穷人家，下辈子要嫁个爱你的男人。

在外公外婆的墓旁，还葬着我的小表弟。其实弟弟只比我小三个月，但他今生只有十五岁大。青草已经爬满了他的小小墓地，我们烧了纸钱给他，常常我还是会梦见他，走在大街上，常常还会恍惚，阿逸如果在，差不多就是这个样子吧。弟弟落葬的时候，我没在场，一直想来看他，却是外婆的葬礼了。亲人的墓穴又多了一个，以后我们前去和他们相会时，死亡就不令人害怕。

外婆葬礼一结束，我们就匆匆赶回了上海，因为两岁半的儿子在家里等我们。乔乔是我们生活的绝对主人公，这一年，他会讲故事能认字爱画画像个知识分子了，当然，他也沾染了知识分子的坏习性，拿个饮料瓶，跑来跟我们说："上面写着，小孩可以喝可乐。"他爸爸就接着说："下面还写着，八点以后不能喝。"他是如此可爱，因此这一年，看到报纸上虐待儿童拐卖儿童的事件，我就特别血脉贲张。

多少因为乔乔吧，我变得越来越关心政治，想着这是一个我儿子，我儿子的儿子，还要继续生活的世界，所以，我认同文化研究的方式来继续我的学院生涯，文学课堂里，我不再从前那样浸淫在"无情美人回旋曲"里无力自拔，我讲弥尔顿的撒旦讲布莱克的撒旦，希望这个撒旦会带动新的能量。

不过，这一年，依然懒惰，每次感冒就制定锻炼计划，但从不执行；有过一次震惊体验，雨天问路的人，叫我大哥，于是赶紧去弄了个特别女里女气的发型；生活依然残酷，梦想依然太多，而这几天，朋友发的短信就说：办事处处顺，生活步步高；彩票期期中，好运天天交；打牌场场胜，口味顿顿好；越活越年轻，越长越俊俏；家里出黄金，墙上长钞票。

首映

　　这几年看的几场电影,都是朋友召集,大多是首映。

　　我喜欢看首映。一来有面子,二来有好戏,银幕上的不提了,因为有熟悉的人参与其中,苦情也是喜剧,妈的,这不影射小宝吗?看见美女还装同性恋,欲擒故纵啊!当然,更好看的还是银幕下的戏,电影院熄灯,大家都还魂不守舍的,惦记着坐在沈宏非边上的美女是不是他老婆。还有啊,黑灯瞎火的,偷听旁边的文化名人说些啥,也是首映的好处,很多名人,平时说话那个小心,但灯一黑,就自然地放松了,就开始说:这个戏的编剧我认识,李樯,小毛孩,不过有才,有才就像有身孕,时间长了就显出来了。

　　昨天晚上,我就荣幸地被小毛孩邀请,走进了《姨妈的后现代生活》首映现场。锵锵隆咚锵,有首映的电影院就像女人初嫁男人二婚,那种喜气,是控制着的兴奋。你看,前方阔步走来著名作家孙甘露,这些年,他越来越有型也越来越从容,公开场合,他孤身很长时间了,这样,人群中的小姑娘就不自觉地把脚跐了起来,啊,你看见我了吗?孙甘露老师走奥斯卡红地毯一样地入场,跟陈村老师亲切握手,嚯,今天没带相机?站在陈村边上的一个美女就亮了亮大黑包,全套狗仔设备。

这些年,陈村奔波在文化第一线,虽然腿脚其实挺灵便了,但习惯了不好好走路,都知天命的年龄了还跟人家二十岁的小伙抢饭碗,不过也有一种说法是,他虽然装着在给娱乐大腕沈爷拍照,镜头里全是沈爷边上的女孩。陈村德高望重,大家也不去点破他,再说,谁没这个爱好谁还是人吗?

所以,上海滩最著名的教授陈子善终于也向生活迈了一大步。夜幕降临,陈老师也难得地来到首映现场,他穿红色衣服,戴红色贝雷帽,要是聂鲁达见了,就会写"黄昏的火苗在你眼中闪耀";陈老师眼下在《二十首情诗和一支绝望的歌》的开头部分,所以不管那么多了,走别人的路,让别人无路可走。

电影开场很久了,突然听见宝爷在说:子善边上的那位,蛮像张爱玲的。

没办法了

陆灏总是告诫我不要骨头轻,专栏再写不出来也不要动儿子的念头,因为没人喜欢听你鸡零狗碎地儿子长儿子短,所以,不到兵荒马乱揭不开锅的时候,我一般还守得住。但是,读者大人,这两个星期来,我二十四小时和儿子在一起,全国人民劳动节休息,我却奶粉尿布地和自己挣扎。

怨谁呢,怨祖国形势一片大好,我们家阿姨撂下一句话,炒股去了。她坐在地板上,盯着从来不看的财经频道,一边记笔记一边吐心愿,等我发了财,我也雇个保姆。我看着她意气风发的样子,想着有一天被她雇了当阿姨,马上讨好地对她笑了笑。

不过我倒是马上被安慰了,五一期间,朋友聚会,大家都拖儿带女地出来,阿姨个个炒股去了。大宝家的保姆最牛,两个月工夫赚了七八万,倒也不辞职,另外雇了个钟点工帮大宝家烧菜打扫,晚上还对大宝循循善诱,你写文章脑筋动死也就一千块,现在炒股钞票不要太好赚！聊啊聊的，大家都有些血压上升，起来！还没开户的人们，把我们的资金全部投入诱人的股市，中华民族到了，最疯狂的时刻，每个人都激情地发出了买入的吼声，快涨，快涨，快涨！我们万众一心，怀着暴富的梦想，钱进，怀着暴富的梦想，钱进，钱进，钱进，进！

全国人民都炒上了，民间还流传说，有些老头炒到走火入魔，听儿子叫"爹"就火冒三丈："爹爹爹，跌跌跌，以后改叫家长，加涨！"大概这是来源于真实生活的，我们对面小区里一个相貌不太好的姑娘听说终于嫁掉了，她叫"飘鸿"，五一节，阳光灿烂，她一身飘红地嫁到一个炒股人家了。

不知道这样疯狂的股市能否给底层带来一些希望，我看得见的是，这些天的新闻纸上，出错率特别高，明明是红烧肉，图片说明却是英国王子。还有，今天，我带我儿子坐公交车，司机和售票员一路谈股票，一路没停把我们开到了徐家汇，搞得两个错过站的乘客鼻青脸肿地要求公车送他们回起点站，但是，就算回到起点，也黄昏了吧。

花痴

大宝赚了帝国主义的钱，人模狗样地回国来，在老锦江请老同学吃饭，毕竟有十五年没见，彼此生分不少，再加上大宝夫人冰清玉洁的样子，葡萄酒喝了一瓶，话题还在眼下的牛市上盘旋。

上甜点的时候，在电视台工作的小强赶来了，他对着大宝叫了一声"花痴"，我们的往日嘴脸终于全部露了出来。TMD，当年你在文科大楼荷花池边上接吻，让风纪大队给抓走，从此落下的"花痴"吧？大宝一边解领带一边拼命使眼色，但是，就像李敖说的，世界上最可怕的动物是前妻，而比前妻更可怕的是，老同学！我们看着大宝汗滴餐桌，没人帮他。

小强的语气越发诚恳了，我说花痴，当年外语系有一个小女孩自杀，到底和你有没有关系？你跟我们联谊寝室的那个小馒头什么时候分的手？还有，艺术系的那桩风流案发生后，你在保安处有没有尿裤子?大宝老婆听不下去先走了,大宝自己把自己灌醉了,短的是人生,长的是夜宴。

现在全世界最怕夜宴的应该是小布什吧,八十一岁的英国女王当着全世界媒体嘲笑布什的嘴巴:"总统先生,我在想我是不是应该以这样的话来开始我的祝酒呢:当我 1776 年来到这里时⋯⋯"因为前一天,布什欢迎女王到白宫时,说女王上次参加美国国庆,是两百年前。不是每一朵花都代表爱情,但玫瑰做到了;不是每一个人都能和女王开玩笑,但布什做到了;不是每一个猪都能收到短信,但你做到了——这几天大家都传这个短信。生活中没有大宝和布什,真不能叫人间。

所以,我们的媒体虽然有些不怀好意地大肆宣传布什的口误,还煞费苦心编出布什口误大全,但白宫发言人倒也不用太沮丧,因为这样的总统形象,实在是一种正面宣传呢。多么孩子气的总统!全美广播公司记者问布什:"您觉得我们能打赢这场(反恐)战争吗?"布什答:"我觉得我们赢不了。"过了一天,小布什换件衣服,特意弄了个演讲,发誓说:"我觉得我们能打赢这场反恐战争。"

此情可待成追忆

小时候物质匮乏，经常盘旋在脑中的一个问题就是如何搞点钱用用，当时的所谓钱，也就是一毛两毛，一元钱就了不得了。那是七十年代中，三十年，贪污的数字就天文化了。所以，在电影上看到旧版的钞票，特别是那些小面值的，就有些怀旧的意思。贾樟柯的电影《三峡好人》中最动人的一笔，也就是主人公拿着一张拾元钱，比较着钱上的夔门和就在眼前的夔门，钞票上的图案要比现实的更清晰也更有永恒感，一切还在眼前，但我们已经在追忆了。

此情可待成追忆啊。有一年夏天，我和姐姐不知从哪里搞到伍元钱，现在还能想起那伍元钱的模样，比第一个同桌男生的脸还记得清晰。黄昏时候，我们出门，准备兑开这烫手的伍元，路上，我们轮流拿那巨款，彼此不放心对方，过解放桥的时候，因为交换拿，还差点让风吹走。之后，我们几乎是一溜小跑地走完了解放桥，而离开解放桥，就意味着不大会有人认识我们了。

本来，我们是打算花个一毛钱，然后俩人平分巨款的，但鬼使神差，我们都被一个卖鹅肝女人的叫卖声吸引了。她说，鹅肝鹅肝，美味鹅肝。她的广告很普通，但那年头，没人叫卖没东西需要广告，但她叫啊叫的。我们走到她的铺子前，这是我们过年时候才能吃到的东西，是爷爷从上海来，妈妈招待爷爷的鹅肝。姐姐说，我们买一点吃吧。虽然刚吃过饭，我也同意了。

我们把伍元钱递给她，说买鹅肝。那女人看看我们，问伍块？姐姐点点头。她把所有的鹅肝都给了我们，然后收走了整张钱。因为羞怯，因为从来没有自己买过鹅肝，等我们意识到，应该说一下"只买一毛钱"时，那女人开始收摊了。我们抱着好几斤的鹅肝，被无限的懊丧和悔恨咬噬着，坐在桥头吃！吃！吃！既没有酱油，又不能带回家，淡出鸟来的大包鹅肝简直是新年的惩罚，等我们拖着沉重的脚步回到家，还错过了家里的西瓜时刻。

突然想起这个事情，是因为老公在楼下买了十个瓜上来，说是蜜瓜，都像冬瓜。

菜不好怎么办

请客走进芦苇荡,酒菜又差又昂贵,但是客人尊贵,临时怎么补救?马上打电话呼叫沈爷,有美女,沈爷稍一腾挪,说半小时后到。

沈爷来了,一起出现的必然有宝爷,这不是说宝爷好色,而是宝爷敬业,眼下他主持一档"我看美眉",弱水三千,他瓢瓢饮,很辛苦。

沈爷宝爷进来,全场解冻。老板娘突然换了旗袍过来敬酒,左眼瞄沈爷右眼扫宝爷,另外送了山珍海味进来,说是恰巧店庆,我们这个包厢中奖了。宝爷调戏一句,不知老板娘是不是奖品,那旗袍女人更加花枝乱颤,回一句,我们是卖艺的,一边递个眼风给沈爷。沈爷是餐饮业的奥普拉,他说这家店卖艺,这饭店就可以卖字号印假钞了。

终于,老板娘识相告退,找宝爷签名的服务员也被赶走。沈爷一边抽烟一边说,听说了最近的考古发现吗?比马王堆级别还高的巨型豪冢,但是,考古学家对这个墓穴的年代迟迟不能定性,因为墓穴结构显示西汉中晚期,但里面的藏品却有西汉早期甚至更早的,而且,更要命的是,墓穴里还有隋唐时候的工具和器皿。沈爷毕竟是沈爷啊,几句话就扫荡了饭桌上的低级趣味,美女更是无限崇拜地看着沈爷,到底是哪个年代的呀?

沈爷倒也不卖关子,尽情扫一眼美女,说,当然是西汉中晚期。他和宝爷刚从长沙回来,帮全国人民解决了这个考古学上史无前例的难题。其实也不能说他们聪明绝顶,他们不过将心比心,里面那些西汉早期的藏品是西汉中晚期贵族的收藏品啊,就像现在宝爷玩古董;至于隋唐时候的工具,那是第一代盗墓人的罪证。

果然这顿饭后一个月,报纸上刊出消息,经过几百位考古专家几个月来的辛勤劳动,终于确定,新出土的墓穴是西汉中晚期王陵。当时饭桌上的客人看到报纸,心里感叹,上海这个地方古怪啊,以为是开玩笑的事情,竟然是真的。

当然是真的,沈爷是真的。宝爷是真的。请客吃饭,如果能请到他们中的任何一位,就算一盆青菜一碟萝卜,也是一生世的豪宴。这叫吃在上海。

我先去睡了

宝爷破天荒请我们去他家里坐,因为有沈爷这样的大牌,宝爷一进门就关照小保姆,说话小点声,不要哇啦哇啦的。小保姆看一眼沈爷,知道黑社会到了,接下来端茶送水都轻手轻脚,然后伺候在宝爷身边。

宝爷家的自鸣钟敲了九下,十下,然后十一下,小保姆终于熬不住,凑在宝爷耳朵边上,用我们全部听得见的耳语:我先去睡了。

我们稀里哗啦都乐了,宝爷也乐,但是,在座的一个洋鬼子没乐,他不觉得这话有什么好笑,先去睡,很正常啊!沈爷于是痛心地教训这个汉学家:所以说啊,你们搞汉学的怎么有前途?中文说睡就睡的啊!要搁电影里,不是艺术片,就是三级片的台词!还是复旦的访问学者,刘志荣老师的新书没好好看,《潜在写作》,回去好好读!

汉学家自卑地低下了头。早十年二十年，我们看见汉学家都是自卑的，TMD，他们张口就是四五国语言，而且在一些关键性的语词上用洋文，然后用一种具有亲和力的帝国主义眼神看着我们："中文怎么说？"活见鬼，我们哪里听说过发音超过二十秒的单词，所以在气势上先输掉了。但是，这些年，像顾彬这样德高望重的汉学家，也学着我们王朔的腔调：中国当代文学是垃圾！中国当代作家进入不了世界文学，因为当代作家不懂外文！终于也把我们惹毛了，什么玩意，到底懂中国文学吗？什么外文，说的是梵文吗？

顾彬之流的，很快被我们蔡翔老师一篇文章收拾了，蔡老师的文章题目是《谁的"世界"，谁的"世界文学"》，发在上海文汇报上，我在三个课堂上把这篇鸿文宣读了三遍，它深深地安慰了那些英语不那么好的同学，有志者事竟成，英语学不好慌什么，会朝鲜话一样进入世界文学。

但毕竟还不够自信，可怕的英语已经变成了我们的潜意识，非要用朝鲜原子弹来对抗才能平衡，所以，沈爷这样的中文沙文主义者就很珍贵：中文一门顶十！我先去睡了，这句话里包含的情绪，又有哪一种文字可以同义传达？

会中文，可以先去睡了。这我太同意了。

宴舞

这几天，我们家阿姨一天跑两趟菜市场，上午买青菜，下午再买肉，我说一起买了不就好了，阿姨看看我："帮你省钱啊！"半天工夫，猪肉价格有时差五毛，虽然报纸宣传我们日子越过越滋润，猪肉涨五毛，方便面也五毛，食油五毛，鸡蛋五毛，玉米蘑菇鸡毛菜西红柿都五毛，老百姓饭没煮上，已经流失很多毛。

这一轮涨价有点邪乎，政府部门一直在安定民心，一边明示这次涨价有天灾人祸的意思，高温！暴雨！大旱！一边却又暧昧地宣布说这回的农副产品涨价属于"恢复性上涨"。他妈的，如果是天灾，我们没的说，没给黑煤窑砸死没让凤凰桥压死，我们就该给菩萨上香，风雨同舟中国老百姓也能共患难，但是，这个"恢复性上涨"是什么意思，天灾过了还能"恢复性回落"吗？

饭桌上说起这个"恢复性"，陈老师马上就发飙，现代汉语的当代贡献就在这里啊！前两天，陈老师应邀去一个海滨城市开峰会，参加峰会的当然都是巨头，主办方煞费苦心，说晚上要请陈老师们看艳舞，带着做田野的心态，大佬们都出席了。但是一顿饭吃下来，就是几个小姑娘唱唱歌，一点不艳。主办方做了假广告，一顿饭吃得灰不溜秋，走出饭店，把人家招牌踢了两脚，倒是发现，人家酒店本来就是一身正气，宣传的是："宴舞！宴舞！"

这些年，我们让这些装神弄鬼的名词整得够惨啊！上海书展今天开幕了，报道都说这次书展挺高端的，好像是，领导要的文化大市腔调出来了，但是，你去书展门口看了吗？

排队买票的真是稚龄啊！嘿嘿，你不用惊喜，先问问孩子到书展来干吗？是来请孙甘露老师签名，还是听陆谷孙先生的讲座？他们会毫不犹豫地告诉你，我们是来看李宇春的。李宇春到书展，书展真是高端了呀！

不过话说回来，李宇春到书展的正面作用还是有的，就像现在猪肉价格上涨，我们都觉得猪肉比以前好吃了，我们阿姨一边给儿子喂饭，一边说，一块肉一块钱啊，慢慢嚼！

回家抱猫去喽

四只老鼠一块喝酒,老大说,我每天都拿鼠药当零嘴;老二说,我一天不踩鼠夹就脚趾发痒;老三说,我天天不过个几次大街就不踏实;最后老四站起来,伸个懒腰,说:"哎呀,时间不早,回家抱猫去喽。"

这笑话,是在火车上读到的。把那本《准备笑死》推销给我们的火车小姐长得特精神,火车开动没多久,她就推出一叠册子,沿座分过来,我们都以为国庆期间有特别赠品,她接着就来收钱,二元一本,权当留念,一半乘客就买下了。我不知道是我气质差还是我老公看着不正经,小姐随后跟我们使了个眼色,扔过来一些封面火烧火燎的杂志。人在江湖不能示弱,我摆出吴君如的腔调,问她怎么都是些老货?这下惹火上身了,她返身回乘务员房间,抱了一叠书出来,快刀斩乱麻,我们挑了本笑话集。

火车小姐接着索性把这叠书放推车上,一边叫,一人限购一册！有人问书都哪来的，全车厢听见她低声说，这个就别问了！很快那一摞书就卖光了。隔了五分钟，小姐又推出袋装山核桃，说这是中南海指定零食，民间还有一个别称叫伟哥，总之，吃山核桃的人生才称得上活着。二十元钱一包，小姐一边找钱，一边说，要对自己负责啊！搞得我们没买的都觉得对自己太吝啬了，再加上一会儿全车厢都嘎嘣嘎嘣地咬山核桃，你整个觉得，自己真是阳痿了。

安静了有半个小时，火车小姐又出现了，这回她卖丝袜和手电筒。她说她的丝袜永远穿不破，怎么弄都不抽丝。有人发出质疑的声音，她就把丝袜穿到手电筒上，拿住袜口上下提溜："穿一生一世啊！"车厢外狂风暴雨，车厢里欢声笑语，几个中年男人拿莘莘的话问小姐，小姐简直是李安调教出来的，只是微微笑，一会把手电筒打开，一会把手电关了，外面的袜子一会红一会灰，十块两双，物超所值。

那丝袜，几个中年男人都买了，回家又能讨好老婆，简直一本万利。我老公旁边看看，流露出羡慕的神色，便把小鼠老四的话重复了一遍：回家抱猫去喽。

他们说我太胖了

森林征兵,所有的动物都要参加体检。猴子排在最前面,他当然不想去,他看看自己的长尾巴,狠狠心,折断了它。体检的军医很快就把它赶了出来:"尾巴断了,是残障,不用当兵了。"

排在第二的兔子看到了,也毅然决然地把自己的长耳朵折断,一会工夫,也让军医赶了出来。黑熊排第三,心里焦急,我耳朵尾巴本来就短,折什么好呢?猴子和兔子也替他着急,上前线那就"砰砰"没命,最后他们决定把黑熊的牙齿都打断,也混个残障。

噼里啪啦,黑熊让猴子和兔子一顿好打,终于牙齿都断了,一会,黑熊也被赶出来,但他却哭得悲苦:"妈妈咪呀!他们说我太胖不用当兵的。"

这事情发生在动物身上,是喜剧,人物转换后,就完全不同。刚刚听我们小区里一个保姆说的,她的亲身经历。她们村子里很多妇女生第三第四胎，计划生育严格的时候，就有人把自己头一二胎的女孩送掉或卖掉，说是死了；有点关系的，就到医院开证明，说女孩有病或智力低下。她堂嫂家的两个女孩就是这样被送掉的，生到第三个，还是女的，终于做妈的不愿再送了，但做爹的执意要老婆生个男孩出来，后来就听说，那亲生父亲活生生把三女儿搞出了一点腿疾，以此申请再生，但医生后来检查说，这孩子天生有心脏病。

常常听到"中国人的素质"这样的感叹，言外之意不用说，上午我去医院看病，挂号的队伍非常长，维持秩序的保安不停把试图插队的人揪出来，一边不停说："没素质！"但是，规规矩矩站在毫无希望的队伍尾巴上，就是素质吗？TMD，我看个嗓子疼，医生把我的舌头拉出来，嘀嗒一秒，说声"咽喉炎"，然后要我付十五元的"手术费"，然后开给我可以吃五六个疗程的药，然后我照做了，那就是素质对吗？

事实上，中国人的素质是太好了，否则，医院还能这么霸道？银行还能这么气粗？高校还能这么崇高？一年换三四个市委书记，我们的股市还能这么稳定？

夏日闲话

新换了一个阿姨,人很老实,三岁的儿子对她说,你的黑裙子难看,去换一条,她就真的跑去换,回头还问我儿子,这个红的可以吗?小儿点点头,说,可以。她就很高兴。

她以前在一家餐厅做,干配菜的活,但她告诉我,其实那些菜基本不洗,水盆里撩一把,然后就下锅了,一年做下来,也没碰到食物中毒的投诉。我看看饭桌上的凉拌蔬菜,不好意思问她这些菜洗得干不干净,闭了眼睛吃下去,胆战心惊的倒也消暑。

今年好像是我这辈子碰到的最热的夏天。我老公每天去上班,总感叹坐地铁考验人,因为女孩子穿得越来越少,而七点半的地铁又是那么挤,我劝他晚一班走,也不会迟到,他却也不肯,每天赶最挤的去,最挤的回,回来还表彰自己郎心似铁,挤怀不乱。

我想他心里偶尔也会乱,因为他喜欢说小宝的一个故事。小宝的宝马停在小区里，晚上突然嘟嘟嘟叫了，小宝下去看，发现车身给划了一口子，他稍微一观察，就断定是旁边车主不小心干的。小宝很光火，赤刮勒新的宝驹啊，于是直奔楼上人家。好一会，他笑眯眯下楼了，因为车主是个非常年轻的女郎，刚学的车，又穿得那么凉爽。这是故事的开头，小宝本来要搬家的，现如今也就不提小区环境不够好，而且，还养成了在小区里散步的习惯。有一段时间急火攻心，还故意把那女孩的车子小碰一下，然后半夜三更地跑上楼去跟人家道歉。

事情就这样完了，小宝去道歉，一个男人开的门，小宝赔了人家二百元。饭桌上朋友调侃他，小宝也不生气，只说那两张一百元是假钞。

夏天这么热，爱情故事不能消暑，所以沈爷夏天出来和我们吃饭，常常就带着两三个女孩，饭桌上也不用费心照顾；但到了冬天，常常就是一个女孩，彼此温度都高，我们旁观看看，也热。不清楚是不是这个原因，虽然夏天是本城最讨厌的季节，而且一年比一年恐怖，但旅游部门说，每年来上海消暑的还是历年递增，人还是最好的风景呀。

第一天

上帝说，要有光！于是，黑夜临，晨光现，是为第一天。

第一天，大学校园亦是混沌一片，强风于水面乱掠，一米八的男生，骑个半径十厘米的可折叠自行车，后座站一米七的女生，噼里啪啦女打一下男的头，男回手摸一下女的臀，这一路，俩人墙头马上，新生家长看了，一阵揪心。

心是揪不完的，前面学校咖啡馆门口，站一男一女，男如泣如诉："你要我怎样才能相信我？""我永远不会相信你了！"女如怨如慕。旁边学生鱼贯过去，彼此不惊不扰，这样的台词，每一个人都说过，说的时候也这样撕心裂肺，孔雀东南飞似的。我想起有一次在出租车上，听市民热线，一中年男人投诉说，他们家空调坏了一个夏天，一个夏天打不进厂家维修热线。主持人调侃说，有些热线是永远打不进的。中年男人悲愤道："永远有多远？"这句"永远有多远？"，那男人重复了七八遍，他自己被自己的情绪激动,好像哈姆雷特了。

心脏已经老了的家长,不要随便往校园跑啊,两个男生站在四楼窗口,不知是擦窗,还是乘凉,一条腿悬空晃啊晃的,一边激情地唱:"听说通常在战争后就会换来和平,为什么看到我的爸爸一直打我妈妈?"然后不知哪个窗口泼下一碗水,在宿舍楼下吻别的恋人气得火冒三丈:"狗崽子,泼热水!"还不知道这热水干不干净,恋人只好匆匆分手,约好黄昏见。

黄昏时候,校园荷尔蒙不知是旺了还是衰了,反正情调往颓加荡发展。食堂里,一男一女抱在一起,各自腾出一只手吃饭,女一口,男一口,后来索性女喂男,男喂女,大西北来的家长几乎要呕吐,拉着看呆了的女儿就说要回家,一边骂自己老婆,居然同意女儿跑到大上海。

不过,其实不用太紧张,开学第一天嘛,大家人来疯,就像《戏王之王》的铜锣湾群戏,十多个明星互相飙戏,大学校园也就这样,老生心里存着点坏,半是勾引新生,半是吸引新生,等到回宿舍,看到一个星期三十二节课,就都蔫了。

第一天于是华丽谢幕,黑夜临,晨光现。

冬日恋情

小区里有五个保安，其中两个特别要好，黄昏时候，他们手拉手的来上班，一个四十岁，一个三十岁，都是昂藏七尺，迎头看到，多少有些叫人吃惊，但他们却跳集体舞似的，一起欢快地说："降温了！"

降温就是拉手的理由吗？也可以吧！快圣诞了，叶子黄黄的还都在树上，风吹过，簌簌挈挈地往下飞，一片拖着一片，让人想起泰戈尔的诗："他默默地，不露行迹，叹一声就将她俘获。"初冬的空气里于是有一种特别的情意，流鼻涕的小孩，声嘶力竭地在楼下喊："小宝下来玩！小宝下来玩！"但那叫小宝的孩子，半个身子探出三楼阳台，也声嘶力竭："大风你上来！大风你上来！"

我走出小区很远了，还听见他们一来一回地在喊，五六岁的孩子，已经知道求不得苦。所以，路边看到年轻恋人互相给对方喂羊肉串,就有些为他们操心,电影看多了,全家照以后总有危机出现,再暖再暖冬天最后也总是来的。

大概人也知道最靠不住的是自己吧,所以这回2007年爱情大评选,当选第一名的不再是以往那些深情包二奶的贪官,而是一头母猪。事情是这样的:福建三明沙县一头母猪,越过重重障碍,飞奔撞伤了屠夫谢老汉,抢救下已在案板上待宰的公猪。事后谢老汉把母猪主人告上法庭,法院调解下来,母猪主人赔了老汉八百元医疗费。网上有很多年轻恋人深受感动,跟帖多多,诸如:桃花潭水深千尺,不及母猪救夫情!但使龙城母猪在,不教屠夫度阴山!

好事者去采访母猪,母猪当然什么也不会说,好事者就说,莫愁前路无知己,天下谁人不识君。可怜肇事的母猪从此被主人牢牢关在猪圈里,并不知道自己已经名满天下。我看了很多关于这头粉红猪的跟帖,很快发现,恋人们如此拥戴它,两个关键词,一是纯粹,二是永远。母猪救公猪,动机很纯粹,而且,永远不可能后悔,永远不会修改当时的冲动。

跟着母猪屈居第二位的是,《色戒》里的王佳芝,因为她的动机不如母猪纯粹。

在亚洲的天空下

六月中,上海大学开了一个史无前例的大会:2007亚洲文化研究年会。见惯了国际会议主席台上一向的金发碧眼西装革履,这个会议带给你陌生化:有人长褂有人短打,有人穿得密不透风有人整得声光化电。印度新加坡印尼马来西亚伊朗越南土耳其孟加拉菲律宾韩国日本澳大利亚,放眼会场,不知道主席王晓明先生有没有一点万隆会议的感觉,不过,我想,半个多世纪前的有些东西是被继承下来了,因为这次大会的主题就是:全亚洲学者联合起来,破除全球化背景中的欧美笼罩,从各自的社会现实发出自己的声音。

伊斯坦布尔的文化研究学者说,我们最关心身份政治,因为种族问题是土耳其的最大问题;而在东京大学的吉见俊哉那里,种族压迫问题则是他研究中的方法论,他提倡文化研究要与新技术合作,从而推动对新问题的洞察力。说到新问题,是这届大会最瞩目的一个收获,主办方特别组织了学生场,让年轻人面对查特吉、墨美姬、许宝强等说出"我们这一代的痛和爱"。

想来,也是这一代的痛和爱鼓舞了黄平们吧,面对越来越残酷的乡村问题,黄平以最温暖的想象力重新解释了"乡土性","用一个比喻来说吧,比如长江,长江奔腾向前,带动一些泥沙,这些泥沙大概可以用来指那些物质商品,钱、汽车、房子。但在这些泥沙下面,还有一个形成长江河床的卵石结构,这个更加厚重,我觉得可以用来指我说的乡土性。"所以,不要过于绝望,非农化的过程也可以把农村的关系带入城市,那一整套亲情礼法,都能被重新组织进城市肌理,而这个乡土性,就是亚洲的最大财富。

"在那幸福的年代,星空就是人们能走的和即将要走的路的地图,在星光朗照之下,道路清晰可辨。"卢卡奇《小说理论》的开头,描绘了人类家园的乡土性,我在想,这届亚洲年会以"乡村"作主题,恰是为了刷新亚洲的天空,或者说,为了重新描绘全人类的星空,一个完全区别于晚期资本主义文化逻辑的星空图。

想念毛主席

早上去买早点，刚出小区，就看到路口围了一圈人，圈外停了一辆警车一辆摩托。嘿嘿，早起的鸟儿有食吃，我三步并一步地赶上去。

四辆轿车追尾，最后一辆最可怕，成变形金刚了；中间两辆出租哥俩好似的吻在一起，如果是徐克电影，就该许冠杰拍拍屁股站起来，脸上有口红印，然后又站起张国荣，也有口红印，然后赵文卓，然后李连杰……最前面一辆被撞得掉过半个身子，像是现场捉奸，损伤不大但狼狈不堪。两个年轻的警察在维护现场，所有的当事人都撤了，围观人群提示：救护车来了一串，可能要死一两个。

现场看不出任何故事，老百姓就是同情那两辆出租车，倒霉啊，老清老早起来做生意，老婆小人要哭死了。人民群众天然地认定是一前一后私家车犯的错，肯定是宝马逞强！虽然那两辆私车都不是宝马,但没人去纠正一身正气的中年妇女,再说,这两年,宝马在普罗心中已接近于坏人坏事了,就像说起煤矿,我们就两眼一抹黑,虽然不是所有的煤矿都虐待矿工;说起肉包子,我们就想到纸馅子,虽然纸馅已经澄清是假新闻。

公共生活的塌方由来已久了。打开报纸,一个版面倒有两桩倒塌事件。"湖南凤凰大桥三分钟内垮塌。""明皇故城屹立数百年,新修城墙却因梅雨塌。"听到这种事情,每个老百姓都会毫不犹豫地告诉你原因:贪污。还能是什么原因呢?哗啦哗啦的,这些年,眼看它起了高楼眼看它宽了马路,我们的生活提速又提速,前一段,我们又拥有了世界上最长的高速铁路网,国外动车组在神州大地跑得多么欢快!

欢快?呸!早在八年前,我们就自主研制了高速电力机车,但四年前却遭到无情封杀,同时有关部门则手笔非凡地花天价从国外购买列车购买技术还要购买售后服务。

广州开往深圳,动车组出故障,动车停运,全体待命,等待外国机修师傅。这个场面,让我们一起想念毛主席吧,在那个一穷二白的年代,我们还自己送火箭上天呢。

好东西

旅游区门口都有旅游商品卖，卖的东西天下大同，主打的常是领袖像和春宫图，前者越来越前卫，后者越来越腐朽，安迪华荷看了，只有自愧不如。

在安顺，我们买了一套骨牌设计的春宫图，样子好像刚刚出土，直接从考古现场偷运过来的，总之，大家心照不宣，彼此都说是文物，但对方也就开两百元，我们还她二十元，两个回合，五十元成交。

我们轮流看过一遍，一致同意回到上海忽悠给宝爷。爱生活，爱女性，这是宝爷的原则。

电影中那样，在饭局散伙的当儿，沈爷用恰好的分贝问我，东西带来了？同时我们彼此使个眼色，当然都注意让宝爷无意中看到。然后我拿出包得严严实实的货物，沈爷交给我一个信封，一边低声说，钱你点下。我说不用了。大家都飞快地把东西塞入包中。

还没走出饭店,我看见东西已经从沈爷包里取出,飞快地落入宝爷囊中。走在一旁的子善老师看他们鬼鬼祟祟,随口问一句,什么好东西?

他不问还好,一问问成冤大头。三天以后,我们在食堂碰见子善老师,咦,怎么大佬改吃食堂了?陈老师心情很爽地笑笑,昨晚收了点东西,吃饭随便点啦。我们忍住笑,问他,不能跟家里汇报,只好动用私房的,一定是春宫吧?陈老师谦虚说哪里哪里,笑眯眯地和我们共享学校大肉圆。

岁月催人老,春宫永流传,好东西也没在陈老师手中多耽搁,一周以后,在书城的沙龙里,我听说,红尘滚滚,骨牌又转过两三人之手,眼下收在作协陈副主席家中。陈主席扬言,不把它忽悠到一本书的稿费,绝不出手。

为了纪念一个平庸的东西可以走多远,大家后来就把这春宫图叫成了谢亚龙。而且,简直是天意冥冥,传说中的"叉腰肌"动作,虽然江湖传言纷纷,流派多多,但是骨牌图谱却作出了最精当的解释。这是帮陈主席作广告。

但我可以负责任地告诉大家,春宫骨牌是真的,它的流传也是真的,在中国,没有假的,全部是真,只是有些东西更真。

火星文的群众基础

半夜三更,陆公子摊开纸,准备写色情小说,刚开头,"她翻了个身……"自己先面红耳赤了,所以,他在饭桌上宣布,十年以后再写,想着十年以后,大概就是金刚不坏之身。

十年以后,也就是子善老师的水平。子善老师现在是游刃有余了,吃饭的时候,筹拍中的《倾城之恋》女主演坐边上,"一双娇滴滴,滴滴娇的清水眼",陈老师却是从从容容,红烧肉来了吃红烧肉,水煮鱼上了吃水煮鱼。后来,说到李安的《色戒》,宝爷就说,这得问张爱玲的男朋友,他对着陈老师叫:"《色戒》拍了半小时的激情戏,对路子吗?"

怎么不对头,陈老师很严肃地说,李安不错。然后大家一起担心《色戒》在大陆上映时,可能就不激情了。不过好在有宝爷,这些年,宝爷为大陆的电影事业贡献了多少心力!只要他听说哪部电影因为情色被剪,万水千山,他都能搞到或看到原始版本，饭桌上，我们很多次听他举重若轻地说起，汤唯和梁朝伟的这场戏，原本有五六分钟。所以，当年贾平凹的《废都》出来，看到书中此起彼伏的"此处删去二百字"，宝爷就光火："装神弄鬼！能写满二十个字都不容易了。"也是宝爷这一句话吧，《废都》卖得很好，毕竟，好胜心人皆有之。

不过，这些年，靠着互联网，世界人民的肝火都下去很多，所以再好的电影，露胳膊露大腿的广告已经毫无价值，《色戒》的未来大卖，必然要仰仗"惊心动魄的性""裸演""高难度动作""SM"，总之，原来出现在枪战片中的形容词，全部出现在床上，当然，反之亦然。因此，我们真的不用大惊小怪，未来主人公把爱写成"愛，ai，じòぴé，嗳，じ☆ve，僾，薆，暧，瑷，嫒，叆，㤅，鱫，叆……"

这个暑假，从"五十后"到"八十后"都在检讨风靡"九十后"的"火星文"，认为这些不是装可爱就是玩 SM 的怪字颠覆了传统汉字，损害了中文的纯洁，但是，大人们忘了，怎么自己每天走过影碟店，都控制不住想问，《色戒》到了吗？

中国式道歉

最近我们都把家里的维生素扔掉了，因为《南方周末》刊登了国际权威医学杂志的研究结果，服用维生素增加死亡率。这几年，疯牛病没好 SARS 又来接着是禽流感，肉身显得前所未有地有漏洞，媒体倒是透明了，常常预警说，后果无法测算！但没有药的预警慢慢成了恐吓信，老百姓也就只有老办法，自己整点规则，没钱的就勤洗手不吃肉，有点余钱的就吃维生素，广告说吃了维生素，风吹雨打都不怕。风声紧的时候，维生素还卖到缺货。

但突然维生素就成毒药了，墙上车上的那些维生素广告也被人画上了大叉叉，旁边还有台词：骗人！然而，这种事情，也就像自然灾害一样，没人会出来道歉，普罗也就自认倒霉。当然，话说回来，这种事情在我们的生活中见得多了，昨天陈良宇还是红的，今天就黑了，谁又为此事道过歉呢？

不过，慢着，最近真有人出来道歉了。全国两会，道歉多多，请看：副总理吴仪为食品安全工作未做好而道歉，卫生部部长高强为药价过高致歉，教育部部长周济为工作不佳致歉，建设部部长汪光焘为住房难道歉，等等。

媒体都在宣传高官们的高调道歉，真是挺难得的，人家多大一官，对着全国人民说"我没做好工作"，那容易吗？可是，让我小人一下，道歉的行政问责到底有多重呢？就说轰动一时的重庆彭水诗案吧，一个小公务员因为写了手机短诗《沁园春 彭水》，刺痛了彭水县委当局，马上被警察带走且以刑事案件收押。两会期间，人大代表陈忠林也曾就此事提出："因为一首针砭时弊的短信诗词而遭到刑事拘留，这简直是现代版的'文字狱'。"可是，在这个案件中，也曾有相关部门出来真诚道歉，但如果我们追踪一下道歉责任人的行踪，会发现他被"平调处理"了。

这一年，中国官员变得容易动感情，常常，中国式道歉就有伟哥之功效，刹那起伏刹那收场，我但愿在明年两会上，今年跟我们道歉的高官们一上台，能让我们老百姓先动上感情。

YOU

夜大论文要交了,学生才慌慌跑来,老师我写什么啊?生气是没有用的,我装着诲人不倦状,问他平时感兴趣的题目?他却007一样挥挥手,说我无所谓,本来准备写中国文学的发展方向,后来Google一下,跳出二百万条,看不过来;但是在搜索过程中,发现一个题目,"中国当代文学和诺贝尔奖",是不是可以写?

这个事情,在我是"郁闷",在他是"Google漂移",而这两词,同属当今十大校园流行词。"郁闷"流行多年,但一直高居校园词汇榜首,因为,这几年,连我们这些原本甘当菜鸟的老师也频频"郁闷",人在江湖万念俱灰啊!那天,我正和同事在办公室聊天,一个毕业班学生兴冲冲进来宣布,找到工作了。我们马上向她祝贺,工作比爱人难找啊。再问什么工作,说是漂移来的,原本陪同学去看一个奢侈展,没想到被展览会的一个老板看中,瞧她甜蜜的样子,我和同事继续为她漂移了一下,是不是有老板娘的希望?我们当老师的如此轻浮,也是这些年上下漂移的结果。你看,我们教的鲁迅雪莱有什么用,全部被奢侈展漂移了。

当然了,全球同此气候,一起漂移着的,还有老牌007。新一代007好像是漂出人性来了:会犯错,会怕死,会顶撞上司,会赤身肉搏,而且,最最重要的,会对小女人动真感情了,而忍辱负重的丹尼尔·克雷格也从"史上最衰007"晋级为"史上最MAN007"。但是,我周围的邦男邦女,为什么由衷地失落呢?嘿咻嘿咻,银幕已经被漂光了英雄。中文世界早就高高推举出新一代的刁德一胡司令,同一个逻辑里的007,如果能守住他的高大全,那才配得上邦的老台词:Bond, James Bond。

所以,让我们从所谓的"MAN"中醒过来吧,对女人动感情不是男人的必然因果,就像《时代》封面上那个斗大的"YOU"不一定意味着"你"就可以和历届的年度人物布什啊比尔·盖茨啊平起平坐,不,"你"只是这个时代的煽情产物,"你"的最好表现和最终结局都在《断背山》里:I wish I knew how to quit YOU。

超现实

问儿子，将来我和你老婆吵架，你帮谁？帮妈妈。

问老公，如果我和你妈吵架，你帮谁？帮老婆。

我们家阿姨就在旁边笑，做白日梦啊！她老公儿子都在贵州老家，春节准备回去的，但火车票至今没买到。说起来，我也动用了所有的社会关系，但票海茫茫，就是不见一张去贵阳的票，没办法，她让老公儿子到上海，但都不肯来。所以，这一个月来，阿姨特别地有了女权意识，经常说，男人指望不上，得靠自己。

不是开玩笑，这些年，春运真是极大地提高了国民素质，为了一张票，农民工不吃不喝不拉守在火车售票处三天三夜，终于买到票了，喜极而狂，撸起袖管还给等在广场上的献血车作贡献。这一段时间来，报纸正面都是上海如何解决农民工春运的报道，报纸反面是农民工的献血照片，和谐是和谐的，但背后的故事呢？

去问 GOOGLE，互联网第一时间告诉你，找不到黄牛，就洗洗睡吧。我们楼下理发店的小伙子，在春运的锻炼下，成了西西弗斯，天天去火车站排队天天空手而归，后来学聪明了，有什么票买什么，如此做起黄牛来，一天就赚了几百元。前两天，我们阿姨去问他，有贵阳的吗？回答说，即使有，价格也超过机票了。

所以，尾牙席上遇到，大家讲的都是春运的故事。情人节，十亿人民为铁道部点了歌，《算你狠》；另有一亿点歌《偏偏喜欢你》，前者是还在排队的人，后者是因为拥挤的春运逃了票的、捡了钱的、搞上对象的。而且，据我们学校地理系的一个博士说，如此状况的春运再持续个几年，地球的自转将受到显著影响。

怎么跟你解释呢？这么说吧，今年春运是21亿人次，相当于美洲、非洲、欧洲等几大洲的人都到中国来一趟，来了还不算，短短半个月，先是挤在南方，然后呼啦一声都到北方，地球也就一个球，哪经得起如此腾挪？

不过著名的文化活动家吴洪森倒是认为，如果每个南方的人都能带一罐水到北方，南水北调的问题不就解决了！

钉子户

一个被挖成十多米深大坑的楼盘地基正中央，孤零零地立着一栋二层小楼。几个月来，这是互联网和媒体最关注的一处民居，小楼位于重庆九龙坡，主人姓杨，两年前这里动迁，老杨向开发商提出要求：我这是最早的铺面房，市场上十三万一平方米，你赔偿一万多我肯定不同意。很多个回合下来，双方始终谈不拢，大法院去过了，地方官来过了，但是老杨就一个字：不。

媒体称老杨家为"最牛钉子户"，网络上的钉子户照片常常还有《宪法》和《物权法》作背景，无数老百姓第一次对中国法律有了信心和尊敬，而对这家钉子户的最有力的个人支援，则来自大陆最著名的老作家王朔。愚人节，王朔在上海开新作《我的千岁寒》媒体见面会，会上他宣称："我就是文坛钉子户！"

张爱玲说她喜欢钱，钱就有了荣誉；王朔说他是钉子户，钉子户就有了英雄气，所以，食堂里碰到我的学生，问他们看了

《白鲸》没有，他们开开心心道，我们是钉子户。我皮笑肉不笑地看着他们远去，意识到自己在学生的心中大约就是个开发商，也就在那一刹那，我突然无比庸俗地想到，重庆的钉子户大概也钉不了多久了。

回家看报纸，钉子户果然"被摆平"了，老鹰接手，天下太平。互联网上有很多挽歌也有很多赞歌，大意倒是差不多，在小民的维权道路上，我们可以走多远，挽歌跟一个问号，赞歌是感叹号。就像后来我在课堂上讲《白鲸》，说亚哈船长大概是个真正的钉子户吧，学生哈哈笑，不知他们心里到底怎么想。

在民间，钉子户这样的词，大概也就一修辞。所以，突然读到，"扒灰"这个词，原来指的是"王安石关心媳妇"，我也不觉得惊心。说是王安石儿子早死，媳妇独居小楼，王安石不放心，暗中前往察看。媳妇会错意，墙上题诗"风流不落别人家"，王安石赶紧"以指爪扒去壁粉"。还好王安石早死了，不过，这事要落在王朔头上，他大概也就狂笑一通，扒灰也好，钉子户也好，一个转身，都是壁粉。

最大的庙

斑马和熊猫好了三年，可六月七日那天，熊猫还是正式跟斑马提出了分手。斑马伤心，撕心裂肺地问他，这是为什么？熊猫无可奈何："因为我妈妈说，有文身的都是流氓。"斑马一听，悲愤交加："你个熊猫，我妈妈说戴墨镜的都是黑社会，我不照样和你交往！"

斑马熊猫这样的分手，发生在六月七日，全国人民都理解，因为这是一年中我们神经最脆弱的一天，过了这一天，就没理由歇斯底里了。这一天，中华人民共和国开始高考。

昨天晚上，我们邻居胖奶奶提了一溜小粽子上门来，我的乡愁还在喉咙口，胖奶奶就点题了，七日他们家大孙子高考，求吉利，百家分粽。于是，我们堆出满脸笑，高呼"万岁"似的叫了三声"一百分"，算是报答了六个粽子。我们家阿姨在一边看到了，嘀咕说，明年她儿子高考，她要分十个粽子，六个也就六十分。

高考的迷信已经可以恐吓神仙了。宝爷沈爷这些日子红得发紫,不知怎么传的,说他俩能算高考风水,狼奔豕突的人家就把他们请去,看看孩子高考那天该穿什么颜色的衣服,车子路线怎么安排,还有,孩子的书桌摆放是不是合理,最后,再问问沈爷,孩子早上起来有没有必要吃一根黄瓜两个鸡蛋,如有必要,是先黄瓜还是鸡蛋先?所以,宝爷沈爷也算是了了多年夙愿,俩人一直想开一座庙,自己往庙里一站,就有人扔钱。

好在高考一年一次,九点前我们不出门,万一路上撞到一个考生,这辈子就赔给人家了;政府部门也破例,让我们选择或者提前上班或者提前下班,总之,家里没高考的,全部走开,这一天,是这些十八岁孩子的,运送他们的车辆可以闯红灯,全社会要对他们笑笑笑,让我们一起把他们往死里宠!

我的儿子还有十五年光阴遭遇他的六月七日,在普罗的能力中,全家穿红戴绿也算是最后的冲刺,而这些,我想我也愿意为了我的儿子遵守,因为高考,事实上已经是有关部门开出的最大寺庙。

变形金刚的道理

出租车上都是《妈妈咪呀》的广告，说是比《剧院魅影》还牛；报纸上是整版整版的太阳马戏宣传："人生不容错过！"经不得众口铄金的摧残，马戏去看了，生气；妈妈咪呀也瞻仰了，失望。一怒之下，带了儿子去看《变形金刚》，前后左右都是年轻得不得了的面孔，突然有些慌，千万别让我遇到学生，因为曾在教室里色厉内荏地骂他们，"变形金刚一代人"。

可是，年少就是霸天虎加擎天柱，四岁的儿子看到银幕上老被人类占着，就不高兴，前面一个钟头，还谈情说事的，更坐不住，不停问，变形金刚什么时候出来？受他的影响，看着擎天柱老不出场，国防部的特聘小妞倒得了好几个特写镜头，心里也生迈克尔·贝的气，我们是来看变！形！金！刚！的，少来这些假惺惺的人故事。

好在后半部分打得还比较厉害，噼里啪啦乱成一团，谁输谁赢都有些分不清，而擎天柱出来的时候，整个电影院一片静穆，包括我儿子大小的一帮小人，我自己也手心出汗，他妈的，巨人崇拜依然是我们最纯洁的原罪，梦工厂的群众基础就是人性，与时俱进的人性。

这些天，媒体在争论是不是要请太阳马戏的总监来帮张艺谋一起导演奥运会，看了《变形金刚》，我觉得张艺谋要的外援绝不是太阳马戏，那个马戏连装神弄鬼都谈不上，连小资都谈不上，我一个上了当的朋友说，他以后要在遗嘱里写，禁止后代看太阳马戏；张艺谋能找到的最好高参就是全球顶级CEO。不开玩笑，《变形金刚》中最激动人心的场面一定是广告商推动的：情急之下，破破烂烂的大黄蜂突然变成了超炫超酷的雪佛兰CAMERO！电影院里一片赞叹，虽然我想变形金刚老观众应该更认同八十年代圆头圆脑的甲壳虫大黄蜂，但面对CAMERO，谁抗拒得了？我儿子看完《变形金刚》，提出要买一辆真的车，那个电影里的大黄蜂。

因此，监制2008奥运会，张艺谋应该还是中国方面最佳人选，好歹，他是中国数过最多钱的导演。

博物馆娶亲

大宝恋爱,遇到三个女孩,春草夏花,各有千秋,就去请教MBA班主任。班主任是过来人,说结婚嘛,还是要找个务实的,他建议大宝一人给一万,看她们如何使用这一万块。

第一个女孩把一万元都花自己身上,"女为悦己者容!"大宝很感动;第二个女孩都花大宝身上,打扮得大宝跟刘德华似的,大宝很感动;第三个女孩都拿去买股票,"为了我们的将来!"大宝很感动。

当然,你一定猜到了,大宝会娶谁,人家学MBA的嘛!不过慢着,MBA归MBA,大宝最后决定,娶胸脯最大的那个。

你准备笑大宝吗?先别,你大学没毕业,还不知道胸脯大的好处。我的学妹小叶,最近就撞到大胸脯的家伙了。

小叶,硕士,今年四月,签约了某省博物馆,但是六月,却被该馆以极其随意的方式解除了协议,理由是小叶乃残疾人。

没错，小叶因为一岁时患过小儿麻痹症，走路不如我们精神，但她前去博物馆面试的时候，也没刻意走得跟解放军一样，从科长到馆长，她走上走下的面试，当事人也注意到了她的脚也过问了她的脚，而四月份的博物馆还是真心要找用脑袋做研究的人，所以，她顺顺利利就被录用。但两个月过去，博物馆变成奥运馆了，他们突然想到小叶大概不适合跨栏不适合跳高，他们发个手机短信给小叶，说，我们不要你了，因为你是残疾人。

小叶大概一辈子没这样被侮辱过吧，而且，对方还是堂堂博物馆，而且，博物馆里并不是没有残疾工作者，而且，博物馆还宣扬绝不歧视残疾人。当然，也有人为博物馆辩驳，如果大宝可以选择大波女郎，博物馆难道就不能自由恋爱？再说了，当地有审美传统，著名的"双乳对称"就曾经是录用公务员的标准。

自由恋爱我们就没法过问了，小叶的位置会马上被人接替，当然，我们可以想象，所有去博物馆应聘的人，会受到同样的面试，博物馆学啊，专业方向啊，敬业精神啊，至于那个最后去报到的，多半是他二叔的小姨子的姑妈的表外甥的妹妹。

怪谁呢

成方圆、郭峰、斯琴格日乐等六位成名艺术家,被中央电视台《艺苑风景线》导演刘楠忽悠到美国搞所谓的慈善演出,最后却流落洛杉矶街头。事情闹到媒体,央视出来回应说:"刘楠不是《艺苑风景线》的正式员工,属于外聘人员,已经一两个月没来上班了,所以刘楠的任何行为都应该由个人负责,与栏目没有任何关系。"

父债子还不用说,老百姓的常识里,谁家的狗咬了人,就该主人去讨饶。《维洛那二绅士》里,仆人朗斯够可笑,可你看他对自己的杂种狗多么负责!杂种狗撒尿不顾场合,公爵要吊死它,朗斯挺身而出:"这尿是我撒的。"狗偷了人家香肠,他去顶罪;狗咬了人家的鹅,他去受刑。四五百年前的小丑,还知道问责制,今天我们泱泱大国却屡屡用"外聘人员""临时工""实习生""代管人员""暂时监管"来推卸应该的责任。

这些年，媒体的国际眼光都还算犀利，大是大非面前，都能擒贼先擒王。陈水扁搞台独，台湾经济下滑。小泉拜鬼，民心向背。但是，前两天，全球纺织能力最大的棉纺织企业——山东魏桥创业集团所属铝母铸造分厂，九百度高温的铝水突然溢出，蒸气冲垮车间，现场工人14死59伤，这么恐怖的事故，我们只被轻描淡写地告知，因为一个工人操作不当，同时，这个厂的伤者家属则被告知不可随便说话。

我不知道这个没有名字的工人是死了还是本来就是个死魂灵，反正，这个分厂的厂长已经遇难，这大概会让事情好办些吧，就像高考现场，孩子自己选择从窗口跳离人间。能怪谁呢？

怪谁啊，案件聚焦里，年迈贫弱的父母对着记者的镜头，一个劲地抹眼泪，他们的女儿杀了人，因为人家要抢她的拾元钱。然后镜头切换，已经穿上囚服的杀人妇女对着十六岁的女儿，声泪俱下，妈妈对不起你啊，你在外面做事不要眼红别人钱，就算人家给你拾元钱，也不能做违背理智的事！

穷人可怜啊，没人可以责任，只能怪自己没有理智。

USE CONDOM

在彩蝶轩和朋友吃饭,鸡汤上桌,三岁的儿子突然站起来,以前所未有的清晰语音宣布:男人用小鸡鸡小便,女人用屁股小便。然后,他得意地溜我们一眼,继续看他的奥特曼。我想,当时我和他爹的表情,就是一句广告词:USE CONDOM!

不过,这个世界上的事情,常常倒也不是 USE CONDOM 就能解决的。就说安全套,刚刚推行计划生育的时候,一个工作组来到生育率很高的小山村,但医务人员发现很难说服山里的女人用避孕药,因为她们觉得这会让她们从此断子绝孙;没办法,工作组全力教育男人用安全套。

村里呢,有一个村民八年里生了八个孩子,医生跟他说,只要用安全套,老婆就不会生孩子。可是,一个月以后,工作组发现,他老婆又怀孕了。医生有些气急败坏,问他怎么搞的,那村民很委屈,说:"我确确实实戴了,可是,戴到晚上,实在尿急,就在前面剪了个洞。"

在中国,一边戴套子一边剪洞子的做法最流行了。发改委说,方便面不许涨价,方便面就变小了;教育部说,小学课堂要减负,家长的压力就大了;广电局说,选秀节目要限播,中华英才换个脸蛋上来了。所以,梁文道到上海来,很痛苦地说,香港禁烟了呀!不知大陆以后会不会也来这一套?宝爷吐一口烟圈,指指背后"严禁吸烟"的标牌,说:从林则徐算起,我们已经禁烟一百七十年了。

这样看看,就算以后全面禁烟,我想能造成的唯一效果也就是,现在我们走进商店,会高声说,"要一包香烟",然后低声加一句,"和一盒安全套";以后呢,我们走进商店,高声说,"来一盒安全套",然后低声一句,"和一包香烟"。我这不是瞎说,严打盗版的时候,老板经常用这种一高一低的声音和我们说话。

因此,对于中国式的安全套用法,我的态度真是挺暧昧的,谁不喜欢盗版呢,但谁又喜欢小号方便面?生活无限,to be or not to be,这是个问题。

海明威和

考虑到毕业班的学生都没时间看书,所以一个学期的"美国文学史和作品选读"教完,我自觉相当懂事地出了皆大欢喜的期末试卷,比如,有一题是,选择一位中国作家和海明威进行比较。

改完试卷后,我终于重新认识了海明威。在六十份试卷中,有一半的学生,我肯定他们多数是想也没想的,比较了"海明威和鲁迅",当然,怎么比的,那是仁见仁,智见智。有一位同学在长篇大论完两个文学伟哥的明显不同后,很幽默地指出:"不过,有一点,他们是相同的,这两位作家,都娶过不止一个女人。"

当然,这不是最好的答卷,有一个同学特别令人难忘,她非常肯定地指出,在中国作家中,和海明威有的一拼的,只有一个人,这个人就是,就是,就是痞子蔡。我当时只觉世道反了,但是,海明威就不能和痞子蔡比了吗?请看她的比较:他们的句子都短。都有很多句号。他们都是迷惘的一代。再有,他们都热爱女性……

在激烈的思想斗争后,我给了她正常分数。因为,这已经是大话西游时代了;因为,名著和网文已经天涯比邻,文学的地平线早已重新设定,海明威已经进入日常生活,"太阳照样升起""最后一方清净地"成了新楼盘的广告语,旅游公司则会召唤你去看"乞力马扎罗的雪",去看"白象似的群山"。尊敬的海明威先生早走出经典课堂进入消费时代了,新生代叫人目瞪口呆的同时,的确也让我们发现自己对经典的守卫其实多么保守迂腐。

还有,为自己考虑,我也得给"海明威和痞子蔡"一个说得过去的分数,不然,就有一半的同学面临不合格。在剩下来的三十份试卷中,有同学比较了"海明威和罗贯中",因为他们都描写了战争;比较"海明威和郁达夫"的,说他们都经历过异国的苦闷生活;比较"海明威和张爱玲"的,说他们都走自己的路,让别人去说……

这是海明威的当代命运,因此,当我收到朋友寄来的《西方正典:伟大作家和不朽作品》,居然不争气地流了眼泪。

动物园的大学生

今年七月,大宝就要毕业了,可是哲学系的文凭谁看谁摇头。眼看着商学院的女朋友就快和麦当劳签协议了,大宝焦虑。他起早贪黑狼奔豕突,还是处处遭遇"对不起,这几年都不考虑招人了"。

没地方要人了,大宝伤心。心灰意冷的,他跑小时候最喜欢去的动物园,跟老虎诉苦。动物园的管理员经过,看小伙子跟老虎说话,就上来问,愿不愿意在动物园打工?所谓天无绝人之路,大宝马上响亮地说了声:"我愿意!"说完,意识到自己的口气和电影里的结婚誓言相似。

管理员把大宝带到办公室,交给他一张人造虎皮,原来是动物园的母老虎去医院生小老虎了,雄老虎孤单,需要大宝穿上虎皮陪陪他。正在人生低谷里的大宝稍一犹豫,也就同意了,反正没人看得出是他大宝。他穿上虎皮进了虎笼,很尽职地在笼里踱来踱去，还远远地冲雄老虎谄媚地笑笑。雄老虎被他一笑，起身抖了抖毛，朝大宝走过来，走过来，终于，大宝害怕了，瑟瑟发抖。正当此时，雄老虎说话了："兄弟，别怕，我是华师大中文系的。"

今年的毕业去向就是这样，因此，上文学课的时候，学生在下面狂翻就业指南，狂发短信，我从来不敢禁止。都说毕业班的学生什么事情都干得出来，上大刚刚疯了一个，据说在他的求职信上，有这样一句话，月薪不到百万，请不要拨打我的手机1370……；复旦大学有个跳河的，他的遗书里写着，请把我埋在岳坟边上……

两年前，"北大毕业生陆步轩长安街头卖肉为生"的报道在社会上炒成热闻，一时间，卖肉陆成了这个时代的托马斯，以不能承受的猪身之重呼应了昆德拉的肉身之轻，社会各界因此纷纷呼吁，尊重人才！卖肉陆是不是人才还有待证明，但是，事隔两年，天南地北大批繁殖的托马斯，是再无可能进入南方周末们的视野了，中国教育已经把自己送入乌有乡。

听学生说，他们私底下这么看，硕士就是大（学）五（年级）大六大七，博士就是大八大九大十，跟留级生差不多。

闭嘴

上回写文章批评现在的大学生，遭到报应，法力无边的学生甚至查到我的老底，众目睽睽抛出证据：听说老师读书时候也很顽皮啊，代人考试！

我内心吟诵着海子的诗："让我离开你们，独自走上我的赤道……"脸上则皮笑肉更笑："不犯点错误的人生还叫人生？"

一路回家，更加觉得马克吐温伟大："千万不能得罪孩子！"其实，这样的教训已经不是一次两次，去年，阴阳怪气的记者采访我，问怎么看现在的青春写作？当时倚老卖老，口舌快乐呈呈，历史人生谈谈，马上四面楚歌，被少年大侠们围剿得落水狗一般。

伤怀又落魄，约了朋友咖啡，把自己的遭遇一讲，马上被抚慰了，他的境遇更惨。他班上有学生读完大三就退学去接管家族生意，他去找学生谈心，学生让秘书对他说："如果你想应聘，请查阅我们公司网页。"于是我们对酒当歌，自觉时代车轮从我们身上呼啸而过，留下的都是不见血的暗伤。

　　是我们受的教育有病，还是现在的大学出问题了？其实，青春年少，我们不也成天想着写点什么惊世骇俗的，诗歌交给宋琳，小说塞给格非，然后盼着这俩写作老师用红笔在后面写个好字，如果竟然叫他们在课堂上给表扬了一下，或者甚至于当中宣读了一个片段，那就飘飘成仙了。在当时的大学课堂里，这些就是生活的最高奖赏和终极价值。其时，根本预料不到青春写作有朝一日可以兑换成硬通货币，我们只是奋力远离尘嚣，下笔不涉毫厘，崇拜的都是头角峥嵘的激情坏分子。就拿我当年代人考试一事，也是作为一种义举流芳年级的。可是，岁月流逝，这些东西褪却了那个年代的镀金层，成了人生污点。我的大学，那一千个日子，是记忆中的"魔法一场"，可是再回首，却空空荡荡，是撤了布景的舞台。

　　于是，我感到了自己的虚弱，我凭什么拿自己梦一样的大学来批评现在的大学生？我莫名其妙的优越感又有什么价值？现实如此，我该闭嘴。或者，用库比里克的话，MOUTH WIDE SHUT。

BMW

在中国，小学生这样描述坏蛋：他开着一辆宝马……

不知道是宝马的营销策略超乎了我们的想象，还是我们的想象败坏了宝马，反正，宝马在中国，一边享有最大知名度，一边激动着最普遍的公愤。接二连三的，宝马一直是黑色事件的主人公，宝马撞人案，宝马彩票案，宝马绑架案，宝马长宝马短，开宝马的人逐渐获得了这样的形象：贵人贵妇，墨镜风衣，乒乒乓乓把人撞，也不心慌也不愁，车技不好口技好，明天叫你知道我！是！谁！

你到底是谁啊，宝马人？为什么你一上路，镜头就瞄上了？眉清目秀的你，怎么会一波又一波地惹起腾腾杀气？

我是小民，没什么宝马朋友，认识的人中，惟一有能力驾宝马的是宝爷，可是宝爷说，BMW 的意思是 BE MY WIFE，那等于把自己变成发情种牛，在人群中叫外卖。宝爷爱惜名誉，坚决不开宝马。所以，宝马人不会是老百姓，也不会是宝爷这样低调的 VIP。

前两天，上海的《新闻晚报》登了这样一个消息，一个小学生，因为期中考试拿了班级第一，意外地收到父亲的一份奖励：一辆宝马。这种事情，在一个天天出新贵的都市，其实不算什么新闻，我还听说过有痴情的父亲向当地申请用儿子的名字命名家门口的马路，听说过一个小孩的陪读有三男四女七个……但是，一辆宝马势必是要见报的，因为宝马就意味着故事。

宝马的表面故事是：一个人，突然有了钱，不过还不能跻身财富榜出名，却也不能镶金牙到处兜笑，那就，就买辆宝马吧！可是光开宝马还不够爽，爽的是，闯了大祸免于问责。

都知道，宝马的消费群不大，党政机关不许买，军车不许上牌，多数国企也不许，那么，能从各种交通官司中全身而退的宝马人到底凭了什么？回头想想吧，每次宝马出事，媒体全力追踪的是什么？宝马人脉图！所以，宝马的真正故事，正是当代所有潜故事的范本：宝马不算什么，但是宝马有亲戚，叫劳斯莱斯，叫宾利雅致，叫……

天下升平，虽然劳斯莱斯的故事还不能碰，但毕竟可以碰碰宝马故事。

竟六小时

"不见慕愚,一年半矣。情思郁结,日益以深。今日天寒,南方诧为数十年所未有。彼为我买炭,手拨炉灰,竟六小时,我二人在一室中未曾移席。呜呼,发乎情,止乎礼,如我二人者殆造其极矣。"

这是顾颉刚一九三一年一月十日,到南京访谭慕愚后写的日记。这段故事已经被余英时先生写成长文。余先生看了这段日记后说:"可知谭慕愚自有一种高华的品质,使顾的儿女情怀升华为'敬念',孔子所谓'晏平仲善与人交,久而敬之',也许便是指这种精神境界。"

余先生的长文最先是柳叶介绍进来的,他在《文汇报》上选刊了其中非关爱情的一段。我们在饭桌上说起,几乎是责问他为什么不选这'六小时',柳叶淡然一笑:"那很厉害吗?"旁边就有一位动人女郎用哀怨的眼神瞄向他,悠悠说道:真是不算厉害，有一回元旦去他家，他玩三国游戏，整整十二小时，回头见我，惊诧道，你没走？

沈爷看那女郎一眼，说："你的运气算好的，宝爷当年拚却醉颜红，喝成糊涂仙一样的出来，上了出租车就把皮夹子交给司机，还没报完家门，就稀里哗啦吐了，吐完睡着，醒来，司机已经把上海开了三遍，整整一宿。终于宝爷到家下车，司机也跟着下车，吐得比宝爷还稀里哗啦。"自那次醉酒以后，宝爷就喝不醉了，他咪咪一笑，倒也不介意我们提他当年丑事，不过，他说，其实这也不算什么厉害，更厉害的还是子善老师。

子善老师有一次去北京开会，进卧铺车厢，发现自己的床位上已经躺了一姑娘，子善老师那真是心善，他也不赶姑娘走，说，你看错了日期，不过来也来了。于是一个卧铺变俩人软席，那年头从上海到北京，一天一夜都不够，可陈老师真正是叫没挪一寸席，连炉灰都没得拨的二十六小时啊。一趟车坐下来，陈老师瘦了一圈，大家都不解，陈老师微微一笑，说，那姑娘手上拿了本张爱玲。

高考

一年一度科举终于落幕,整个社会松了口气。

三天来,车牌尾号带0、4、6的出租车遭歧视呀!一个姓王的出租司机就向我抱怨,他的车开过考场门口,三番五次有家长拦下他的车,但是一看他的车牌以6结尾,家长孩子扭头走人,好像见了鬼似的。原因无它,在上海话里,6和"落"同音。所以,王师傅这几天来,被高考一族调戏狠了。

还好,高考只是三天,否则,不仅上海的出租车业面临洗"牌",上海的宾馆也得重新编码。高考没到,各大宾馆却已订出无数高考房,但是,宾馆都碰到同一个问题,楼层或房号带"4"的,考人一律不入;同时,高达1888元一天的房价,却受到家长们的欢迎,"口彩老重要的!"

就为了这一点点口彩,高考家族几乎疯狂。报纸上看到,有家长向消费者协会投诉,说高考当天,他没有订到合心意的车牌；还有考生声泪俱下，监考老师的高跟鞋毁掉了她的高考，她老在那里数高跟鞋的音部，再说了，北京不是已经宣布，监考老师禁穿高跟鞋！

我自己是从高考过来的，也还记得当年的焦灼，但是，如果我竟然敢挑剔老师的高跟鞋，那就会被骂得狗血喷头！那时，整个社会氛围还是硬朗，不像现在这么低声下气这么软性。

但是，软性就有商机啊，完全可以设想，明年夏天，高考车就会出炉，出租车会打扮得跟喜轿似的，里里外外写满"8"，里面的考生如果没有中状元的感觉那就不要钱，当然，价钱么，也888上去了。同一格式，商场里会卖出高考饼，餐厅里会有高考餐，大商场里有高考衫……总之，一个宗旨，心理再脆弱的考生，在这样的烘托下，也会产生强大的幻觉！

高考早就是个赚钱产业了，衍生出一点相关产业，不过是皆大欢喜的事情，这本来就是当代逻辑，或者说，当代进步，许州官放火，也让百姓放火了！因此，今年的高考作文题是：出乎意料，情理之中。这样平庸的考题，倒是合适这个时代的想象力。

留宿异性

上海有个上海大学，上海大学有个巴士汽车学院，巴汽学院有个学生，学生叫小斌，最近玩完了，咋的了？寝室留宿异性，学校勒令退学。

小斌叫冤，不肯退学，学校强硬，校规如此。后来呢，就闹到媒体闹到网上了。这几天，兵分几路争得厉害，沪上高校三派鼎立。复旦大学亮红牌，校规就是契约，小斌罚下场！东华大学赞成：道德问题不可手软！华东师大心软些，黄牌警告算了，再说，小斌检讨态度不错。华东政法示意且慢，"校规就像合同应给学生申辩机会"。同济大学附议，"口头警告可以了"。

高考刚结束，看到这个新闻，重风化的父母一定愿意把孩子送复旦送东华，恋爱中的孩子大概会觉得同济华政更有亲和力。也有记者就这个事情来考验我的觉悟，我支支吾吾，如果我是校长，我大约也会立这样的校规，不然，大学宿舍不就成泰坦尼克号了，开不了多久就得拉安魂曲；可是，面对犯错误的小孩子，面对他们背后的故事，父母十八年的眼泪和欢笑，全家节衣缩食的期盼，谁忍心把他们往声名狼藉的社会上赶？可是，小记者着急，你的态度到底是什么？

是什么，我也说不清楚，等等，让我想想我的大学。大二那年，学校突然亮出新校规，男生不可进女舍，女生可以进男舍，但得押学生证。为此，我们女生宿舍的门房阿姨一任任换，实在不容易做啊，既要眼疾手快，三步并两步把犯规男生扯下楼梯，还要有警察嗅觉，天天有人扮班主任来闯关。自然了，正不压邪，夜夜有奇袭成功的男生在楼道里唱，我是一匹来自北方的狼。

后来，我们寝室就住进了一匹狼，早上起来，觉悟高的女生发觉不对，地上鞋两双。事情后来是这么了断的，引狼入室者和狼一起被囚整整一天，等我们晚上回去为他们放风时，他们已经铁了心要从良了。不过，令我们事后内疚的是，他们很快分了手。

这些，都是青春期的故事。所以，我的态度是，如果小斌的同学不告发他，就好了。

爱玲和子善

学生问,《郁金香》是不是张爱玲的作品,我说肯定是。证据多多,只说两点。一,《郁金香》不是陈子善老师发现的;二,《郁金香》的主人公叫宝初,弟弟叫宝余,系庶出。

听我解释,这些年,子善老师在张爱玲身上花的功夫,渐渐的已经有了黑社会的作风。从上个世纪八十年代迷上张爱玲,编出一本又一本和张爱玲有关或有那么点关系的书以外,他到处侦探和张有关的线索。如果他是警察局长,我相信他早把桑弧先生抓起来了,严刑逼问,和张爱玲只是普通朋友?《哀乐中年》的稿费她为什么不要?陈子善去美国,和骨灰级张迷高全之相遇,几个回合就热了身,两人起身冲往张爱玲的洛杉矶故居,冲不进去就耍花招,花招不成想用强,一直折腾到天地苍茫,最后胁持了一位刚从公寓里出来的女大学生,非法进入。所以,如果有人问,张爱玲还有什么亲人在世,我会毫不犹豫地告诉他,陈子善。

最近,张爱玲去世十周年,子善老师又挖空心思,弄出了一本绝调文字十年祭,《沉香》。本来,除了一些情色巨片,陈老师是不怎么看电影的,可是,张爱玲编剧的《不了情》因为剧本湮没,陈老师是活生生把他们一句句听写下来的。如此深情,如果用在其他事情上,怕是要出事。前一段,听说初版本的《秧歌》在网上拍卖,被一个江湖高人叫走,陈老师那个焦心啊,不过凭着大海捞针的本事,他很快打听出了情敌姓名。陈老师当夜修书,一页又一页,页页掏红心,请您出让,出让,出让!嘿嘿,没想到,这回棋逢对手,不让,坚决不让。伤神归伤神,陈老师信心十足,"我会开出一个他无法拒绝的条件!"第一代教父的台词,陈老师肯定会比白兰度讲得更好。所以,我真心通知神秘的江湖高人,还是早点让给陈老师吧,否则后果真是很难预料啊!

言归正传。如果《郁金香》又是陈老师地下挖出,广大人民肯定和我一样,敢怒不敢言,怎么陈子善运气就这么好,老让他采到人参娃娃?而且,永远是不早不晚,徐志摩生日啦,郁达夫祭日啦,陈老师又有新发现。还好,《郁金香》是中国现代文学馆的吴福辉老师和他的博士生李楠挖出来的,我们就放心了,那一定是真的,不可能是陈老师自己在家写的。这个世界上,陈老师还能允许第二个人假托张爱玲写小说?

好，不说了，再说陈老师要把我灭了。马上陈老师要召开张爱玲国际研讨大会，我还想去参加呢。所以，说点正经证据。

据吴福辉老师提供的《郁金香》上半部故事梗概，我一看到主人公名字，就断定了这是真品。怎么说呢？大家都还记得《倾城之恋》吧，记得白流苏抢的是谁的场面？相亲回来，是谁"沉着脸走到老太太房里，一阵风把所有的插戴全剥了下来，还了老太太，一言不发回房去了"？是七小姐宝络，庶出的宝络。这个宝络，她的命运虽然没有在小说中交待，但是张爱玲在小说中寥寥数笔勾勒出的她的性格，已经就是她的命运，她最后一定是，一点一点被吸收到辉煌的背景里，只留下怯怯的眼睛。

七小姐宝络，几乎是还没出场就消失了，但是，她的性格，却是张爱玲笔下多数人的性格。我想张爱玲大约一直也没忘记这个失踪了的宝络，后来再写到庶出的主人公，自然地和宝络排了行，叫宝初，也就是《郁金香》的主人公。而宝络在《倾城之恋》中没有展开的命运，完完全全在宝初身上完成了，他是消极的，偶迸那么一下激情，自己"听着也觉得不像会是真的"，所以，等到渐入中年，也就结个婚，娶个"好像做了一辈子太太的"女人，而自己亦无聊，亦一辈子也阔不起来。世事如烟，突然于茫茫人世中听到一声"金香"——过去恋人的名字——也就震一震，以为是自言自语叫出来的。

《郁金香》结尾,是宝络或宝初,最后命运的交待,"仿佛这夜是更黑,也更深了。"这篇小说写于1947年,"张爱玲"这个名字已经变色,她内心很可能有了庶出的感觉,所以接续了宝络的故事。

男人，女人，女博士

毛尖，女，博士学历。

好了，这下你知道我有多恐怖了吧。如果你是老板，招聘员工，一定把我的履历丢垃圾了；如果你征婚，肯定见不到我，婚介所早把我过滤了，虽然听说女博士还额外收钱。——好了，不说了，我老公的脸色已经不好看。

其实，这么说，也真不是我自己不争气，自己不给自己脸，实在是，你不这么说，智商连鹦鹉都比不上了。听说过那个著名的鹦鹉故事吧，一个女博士常常打扮得像本科生似的，每天走过宠物店，鹦鹉就冲她喊："女博士，恐龙！女博士，恐龙！"女博士很生气，跟她讲了几次女权，鹦鹉不但不改，反而变本加厉。女博士只好投诉店老板，你的鸟太不像话了。老板连连道歉，允诺鹦鹉再乱说就拔光它的毛。第二天，女博士又过宠物店，得意洋洋地看了一眼鹦鹉，哼！鹦鹉却笑嘻嘻地看了一眼女博士，说:"你知道我要说什么!"

女博士的遭遇这么惨,所以,电视台特别组织了一次恐龙听证会,希望恐龙用自己的实际行动让鹦鹉把自己的毛拔光。可是呀,听听恐龙们都说了什么:其实我们也很正常的,我们也谈恋爱,也跟男朋友缠绵,也爱美爱化妆爱吃零食,我们也有一般女人的缺点,也会嫉妒会发小神经……一言以蔽之,我们女博士也是小女人啊!

关了电视,几天没敢出门。不瞒你说,本来,作为一个女博士,我自觉在小区里还挺有面子的,特别是我们保安,常常还跟我背古诗。江湖上,关于女博士的段子虽然多,但大多还不低俗,就是憨傻一点,人民群众在同情我们的时候,也回报适当的尊敬。可现在,女博士们集体当众撒娇,真成恐龙了。

坏男人说得没错,世界上有三种人,一种男人,一种女人,一种女博士。因此,湖北人民出版社的《我是女博我嫁谁》肯定卖得好,谁都想知道,不男不女的人,是怎么和男人打交道的。回头想想,当年张元拍《绿茶》,把赵薇演的女研究生弄得人不人鬼不鬼,还真不是瞎编。

为什么不请张爱玲

听刘绍铭先生说，2000年岭南举办张爱玲国际学术研讨会，当时一个服务小姐就问，你们开张爱玲会，为什么不请张爱玲？饭桌上大家笑过，就有人追忆更离谱的经历。

当时我们一群人从香港回上海，在深圳转机，听说离罗湖不远的地方，新开了一个城市书吧，就呼啸而去。书吧稍一转悠，就发现有雷启立的一本大作，《周作人传》，小姐来送咖啡的时候，罗岗就说，还不把《周作人传》取下来叫作者签名，然后拍了拍身旁矜持又含蓄的雷启立。小姐崇拜地看了一眼启立，飞奔着搬来了《周作人传》："周老师，请您签名！"

这些事情，都是几年前发生的，要是现在，就不敢随便笑话人家小姐，谁知道小姐是不是在娱乐我们呢？最近，2005年百度网络风云榜崭新出炉，以芙蓉姐姐挂帅的十大网络红人用铁的事实告诉我们，长江后浪推前浪，前浪死在沙滩上。呵呵，在这样的时代，叫人围观就是最高的美学境界，有本事你也说点惊心动魄的！

"BE RICH, BUT NOT SEXY！"听不懂这句话吗？那一边自卑去吧。它的意思是"富贵不能淫"。刚刚结束的2005年高级口译，为网络世界又制造了新经典，我的学生兴奋不已地告诉我，知道"血肉长城"怎么译吗？THE LONG WALL OF BLOOD AND MEAT！不用怀疑，以后你再用FLESH，就混不进座山雕的大本营。为了生活，我们得学习啊！《联合早报》的一位评论员就严肃警告说："要跟年轻人拉近距离，不懂点新人类的黑话是不行的。"

因此，在经典文学课堂上，为了让那些"特困生"（早上第一节课就打瞌睡的学生）醒过来，我无耻地哗众取宠，"晒月亮的"（谈恋爱的），"研究国粹的"（打麻将的），"学习文件的"（打扑克的），醒醒，今天我们会讲到十九世纪的"玻璃"（同性恋）。

这样，当我说到拜伦的"哭吧，哭吧，皇家的女儿"时，我觉得自己完全进入了状态。

全面回忆（一）

夜幕降临，和联谊寝室的男生一起去爬长风公园，我们寝室的一个女生爬是爬上去了，但是上去后却晕高，无论如何不敢下来，我们四男三女就在下面拼命鼓励她，没用。后来她索性哭起来，如此十分钟。绝望之际，长风公园的巡逻狗远远地叫了两声，狗音刚落，墙上的女生落地。

在公园里偷了船划，玩到半夜，下起雨来，只好躲在一个桥洞下。雨不停，不能走，终于就让巡园的给发现了，乖乖出来，偷偷约好全部上岸后，分三个方向跑，但是上岸发现俩巡逻各牵了一条狗，只好乖乖跟他们走。他们要登记我们的名字，说看得出来我们是华东师大的，等天亮要去学校告我们，一个女生当即哭了起来，气氛相当悲惨，再加上被雨淋得狼藉，我们同屋三个也陪着擦眼泪抹鼻子，巡逻的终于不好意思，说算了算了。后来，男生就陪巡逻的打了半宿的牌，天蒙蒙亮，放我们走了。我们还是爬墙出去，出来一个，狗叫两声。女同学的晕高症也不治而愈。

清晨的校园无比美妙，我们一路走，一路高唱我是一匹来自北方的狼，走过学校操场，看到空荡荡的操场里居然还晒了一条被子，吸饱了雨水，挂在双杠上像沉重的检讨。大家没头没脑地笑一通，想着不知哪个蠢货居然会忘了收被子。

回到宿舍睡觉，黄昏起来吃饭。晚上，一个男生乐不可支地跑来，说，他妈的，你们知道吗？大宝上床惨叫一声，悟到操场上的被子是他的。

想起这些八十年代末的校园生活，是因为下午上莎士比亚课，布置学生课前看《罗密欧与朱丽叶》，只有两个看了，其中一个还是看的电影。于是暴风雨一样地把他们一顿痛骂，顺便歌颂了一下自己的大学时代，对文学经典多么如饥似渴。但是，冷静下来回忆，自己大学时候也是经常逃课，能偷懒就偷懒，老师怎么讲莎士比亚，也完全不记得。

再说了，在如今的大学公司里，去经历"罗密欧和朱丽叶"，和阅读"罗密欧和朱丽叶"，到底哪个更重要，谁又说得清呢？

全面回忆（二）

八十年代最后一个夏天，校园里空空荡荡杂草丛生。李劼一个人在宿舍门前的操场上打篮球，他助跑助跑，到篮球架下的时候，回身做了一个花哨的动作，仿佛前面有人拦他，然后背投，球没进。

很快他真的被拦住了，两年以后出来，变得更加愤世嫉俗，过了几年，去了美国，现居纽约。那个时候，出国的风气愈加浓厚，学校的布告栏，全是 TOEFL 和 GRE 的资讯，外语系的女生宿舍，人来人往，十一点敲过，穿大花短裤的看门胖阿姨，一个箭步，冲入寝室，把过时不走的"男辅导员"赶跑。当时，男生已经不可以进女生楼了，但辅导员除外，所以，当时的男辅导员，都面色红润身心健康，偶尔自己不用证的时候，借给嗷嗷待哺的哥们，常常有红烧肉回报。

不能在宿舍里握小手，学校的舞会越办越多，开始只是周末舞会，后来出现周三舞会，到后来，如果你跳得动，每个晚上可以换三个场子。艺术系的男生开始在他们的飞地搞黑面舞会，有两小子靠临摹梵高赚了些钱买了二手摩托，十点半左右，各大舞厅播散场曲《友谊地久天长》，他们便等在靠女生宿舍很近的桥边，詹姆斯·迪恩那样斜倚在摩托车上，看到意犹未尽天真淳朴的女生，就上去深沉又绅士地说，小姐，能荣幸地邀请你们参加我们艺术系的通宵舞会吗？"艺术系"在当时还是卖点，摩托车也很酷，"通宵"又迎合了挥霍不掉的青春，女生互相看看，已经心动。长头发的艺术系男生进一步说项：我们还有咖啡和蛋糕，早晨会用摩托车送你们回来。

于是坐上了陌生人的摩托车，被他们带到墨擦里黑的教室，就八九个男生和一个破录音机，咖啡和蛋糕是画布上的，明知是上当了，但也不害怕，照样热热烈烈地跳一晚上的舞，第二天，还有人谈上了恋爱。

然而，也就一两年时间，咖啡和蛋糕都走下了画布，出了国的男生开始把征婚启事贴到女生宿舍，艺术系不时髦了，经济系计算机系的开始在校园里摆地摊，勤工俭学开始了。

全面回忆（三）

　　勤工俭学一登场，大学生活的世俗化进程就势不可挡。虽然宣传的是，大学生要独立，但在实践过程中，却膨胀出了渔夫老婆的欲望。本来，早餐一个馒头一碗粥，但有了钱的同学开始到后门买锅贴吃，一大早整个寝室让她吃得流油溢香，青春期的胃哪里承受得起，于是，也去找家教做，先是一家，后来二家三家四家，晚上再没时间去跳舞，全泡中小学生家里了。

　　很快，家教变得落伍，时髦的同学开始在公司里兼职，腰别BP机，浑身NIKE，传呼电话的老头工作量越来越大，来回地在电话间和宿舍楼下跑，常常还受到考验，因为外企的老板只说得清MARY，于是，老头在下面举着喇叭叫：马小姐马小姐！十来个窗口的马小姐探出脑袋，老头晕了。然后，也就半年工夫，电话间老头也被培训出了一口美音，JUDY！JUDY！

　　叫了MARY和JUDY后，宿舍关系也洋化起来，原来哪要什么隐私,衣服换着穿,一双新皮鞋,脚大脚小的都穿出去约会过,恋爱失恋都是全寝室的事,但现在MARY和JUDY都在西门子兼职,毕业以后只能留一个,提前的竞争提前地恶化了大学生活,MARY偷偷地和公司高层恋爱了,这事JUDY后来是听公司同事说的,知道以后哭了一场,借给MARY的口红眼影全部要回来,用上海话骂一句"外地人",惹得全宿舍一下子分出两个阵营。

女生宿舍的流言蜚语跟着多起来,食堂午餐的时候,常常就有小道传,复旦查出一个宿舍,八个床位睡了十六个人!很快,窃窃绰绰的,说是隔壁寝室也有问题,那个高高冷冷的政教系女孩常常带人回来……

那个时候,要谈论那样的事,我们的语汇还不够,而且也没有勇气说出今天充斥报刊的性词,但暗涛汹涌的地下生活已经改变了人际关系,有同学搬出去住了,我们也西方式地不追问;有同学突然有钱了,我们吃着她带来的外国食品,也只说好吃好吃。毕业晚会上,一起唱"我的青春小鸟一去不回来",第一次,有了集体的巨大的悲伤。

全面回忆（四）

文学课上到拜伦雪莱，问下面坐的一百个学生，班上有人写诗吗？他们互相看看，吃吃笑，情景仿佛八十年代，我们上生理卫生课，老师问男女性别特征，我们也是吃吃笑，没人出来理老师。

这样我就又想到宋琳了（最近八十年代热，经常会想到宋琳）。著名诗人宋琳，在校园里走，就像绕口令说的：走一步，扭一扭，见一棵柳树，搂一搂；走两步，扭两扭，见两棵柳树，搂两搂……这样一路走，一路搂（其实宋琳是羞涩的，一般是别人搂他），岁月风流，万般皆空。诗人有市，校园不死。夏雨诗社三五男生，身着长袍手拿玫瑰，看到女孩，说一声："春天来了，跟我走吧。"外语系历史上最美的女孩就被这样的一朵玫瑰花带走了。

那真是神圣年代，马原到学校来演讲，文科大楼的窗外都贴满了脸,马原讲完,格非陪去消夜,后面跟一支浩浩荡荡的队伍,一路要到后门,才慢慢散去,但也还有一支小分队。马原于是继续演讲。消夜结束,余兴未了,就在后门寻仇觅恨,跟卖茶叶的讨价还价,人要十元,我还一毛,然后打一架。

打架其实是当年的一种生活方式,熄灯以后,突然人声轰鸣,艺术系的和体育系的打起来了,TMD激动人心,为了一个女孩子,群架群架,有的拖把,有的木棍,最后,一声惨叫!然后,救护车来了,有人被处分了,然后,女孩就和被处分的人一起去医院照顾骨折的。

没错,今天的校园灯火明亮文明无比,但是白惨惨的哺育不了故事。当年丽娃河,夏天一到,水葫芦长得跟草坪一样高一样平,一个晚上误入一对恋人那是起码的,两只青蛙两张嘴,扑通扑通跳下水,湿漉漉的上来,继续热吻。同时,校园文明纠风大队也出发了,他们打着手电,看到恋人们快吻上了,就及时吆喝:"住嘴!"

纠风大队很快被学生抗议镇压了,但是,受过"住嘴"惊吓的小宝,到了二十一世纪,却变得意兴阑珊,因为没人禁止接吻了。至于我,面对着下面吃吃笑的同学,也觉得该住嘴了。

宝爷锻炼身体（小宝之一）

期末考试到了，生物教授提着个黑布罩着的鸟笼就往教室赶。铃声拉响，教授神秘一笑，掀起黑布一个角，露出鸟的两条腿，宣布了考题：请仔细观察鸟腿，据此写下此鸟的类属。一个考生当场就火了，妈的，复习了整整两个星期，白辛苦了，什么都不考，考个鸟腿。他拍一下桌子，提个白卷准备走人。老教授也生气了，要这个考生留下姓名，那学生也不说话，拉起一截裤管，露出小腿，对老教授说："你猜我是谁？"

这个考生，据我后来考证，就是小宝。到现在，大学毕业都很多年了，碰到不顺心的事情，他还是有个习惯，拉起一截裤管，要人家难看。当然了，今天的上海滩，敢得罪宝爷的也扳不过五个手指头。所以，宝爷现在是好脾气了，常常微笑着，跟朋友推荐他掌门的飓风书店滞销书。顺便插一句，宝爷是小宝新近的称呼，早些年，他自称人称都是小宝；后来，相识相好的开始叫他小宝哥；再后来，有发嗲的女学生叫他宝叔，他眼睛眯成一条清亮清亮的线，又喜又悲，终于到了可以随便和女孩子独处的年纪了。最后，为了取得更大的自由度，索性当上宝爷了。

宝爷其实不服气。梦想中的生活还没有来临，怎么就成爷了呢。不过，他沉得住气，尤其是，诺贝尔奖得主最后拼搏的佳话一传来，他心里是更亮堂了，看吧，问天下谁人敢与杨公试比高？

有了这个隐秘而坚定的决心，宝爷开始晨钟暮鼓地锻炼身体，为此，他忘了圣诞节的专栏，忘了亲爱的读者。不过，最近的社会气氛让他很不爽。是这样的，因为八十岁可以迎娶二十岁，所以一夜之间，原本以为安全系数达标的宝爷突然进入了最危险的人群，尽管理论上来讲，他现在还只能和未来的岳母发个ECARD，和他差六十岁的女孩得等上二三十年才能出炉。但是上海人民是有警惕性的，里弄干部已经下达民间，自己的孙女最好自己接送，不要请隔壁大爷代劳。

宝爷生气了。他一生气，又干了什么，且听下回分解。

宝爷学英语（小宝之二）

上回说到宝爷生气，家家户户都把闺女藏起来，淮海路徐家汇的单身女子出行率明显降低，宝爷便心如刀绞：还是国际大都市呢！还是开放的窗口呢！小女子们越来越保守！

他睡不着，想起好友许爷最近接掌了一男人杂志，Man's Guide，就骨碌起身，披星戴月地赶去了。一进门，素素就看出宝爷最近不爽。一两回合下来，夫妻俩就号出宝爷的心病了，也不点破，剑走偏锋，说，这年头，要赢得女孩子的心，首先还得把英语练得跟诺贝尔人一样。不说英语还好，说到英语，宝爷就炸了。TMD，为了这门该死的语言，他都改了几回姓了。

当年，跟着二叔跑上海滩闯天下，在美领馆对面开一小饭店，十来岁的宝爷跑堂，二叔掌勺，二婶收钱。一天，菩萨保佑，终于来一金发美女。宝爷胸口划着十字端上一碗面。没成想，美人把碗打了。乡音未改的宝爷一看，说了句："碗打了！"

美人慌忙抽出 one dollar。二婶冲过来,问:"谁打的?"美人一听 three dollar,又赶紧追加两美元。正说着,二叔提着菜刀跑出来教训宝爷:"烫少盛点!""ten thousand?!"美人花容失色,昏死过去。

多少年后,常用英语教训外国员工的宝爷,回想起当年情景,总还有点不好意思。那几年,女外宾都不敢单独出门吃饭,据说都和宝二叔的"烫少盛点!"有点干系。幼年的宝爷,从此发愤苦读,还给自己取了个洋名去留学。

想着得学一口新鲜英语,宝爷在纽约也去端盘子。有一个阿拉伯老板愿意雇他,而且愿意教他英语。两三个月下来,宝爷自觉自己的英语已经和老板一样好了,如果不是他偷听到两中国同行的谈话。两人在背后嘲笑他:"嘘!小点声,他一直以为老板在教他英语呢!"

宝爷砸了餐厅的所有盘子,走了。终于,他明白,端盘子是端不出英语来的。他来到哈佛,拿了两博士,又改了两回名字。回国,办了个班,叫"出口成脏说英语",从此,麻烦没离身。下回分解。

宝爷办学（小宝之三）

上回说到宝爷从哈佛搞了两个博士学位回沪，以夷制夷，办了个英语学校，校训是，出口成脏。宗旨是，把英语搞垮，让美国不举。

自然，宝爷的世界主义举动赢得了很多投资，而他刚到美国时误打误撞学的阿拉伯语更是令学校生源不断，因此缘故，他倒是有点想念早年打过工的那家阿拉伯餐厅，人生实在是有失有得啊。

不过，有一事头疼，学校老是面临迁校的烦恼。最早是在外滩三号，后来这里成了全上海最贵的地方，不断有金发碧眼来考验宝爷的眼球，他怕自己的决心动摇，所以，把学校搬到了浦东。可是，浦东发展得更快，很多学员利用午餐时间炒楼盘，而且，说的都是美金的价位，他怕万恶的美币分化大家的意志，又动迁了一次。这回，他搬回了老地盘，美领馆对面，当年宝二叔开店的地方。

搬到美领馆对面后,学员们那个斗志昂扬啊!宝爷看着打心眼儿乐,终于搬对地方了,一早起来,全体学员穿着后背印有宝爷头像的T恤,面向美领馆高声朗读布什的名言:I UNDERSTAND SMALL BUSINESS GROWTH. I WAS ONE. 同学之间写情书,这样开场:From see you one eye, I shit love you. 真是传神啊,宝爷看着这句"我便爱上你",觉得这样学英语,算是对路了。

俗话说,猪怕出名,宝爷的英语学校很快在全市铺张开来,不仅在各区设立分校,而且,从娃娃抓起,办起了初级班。初级班的第一课是这样的:爷死(YES),哥死(GIRLS),妹死(MISS),死光(SCHOOL)。孩子们的积极性大大提高,英语容易!

与此同时,全国各地都到上海来学习先进经验,队伍一直排到美领馆门口。美领馆派了一个美丽的小姐来交涉,大家都笑眯眯叫她LITTLE SISTER(小姐),小姐无功而返。如此三个回合,美领馆只好搬家。

美领馆迁走后,宝爷突然没了兴致。晚上,他意兴阑珊,正迷糊着,有人敲门。下回再说。

宝爷恋爱（小宝之四）

宝爷正无聊，忽然听到敲门声，真是天降甘露，孙老师施施然进屋，也不言语，只眯眯笑，嘴型隐约 S 状。

宝爷揉了揉眼睛，也不知道怎么了，最近看什么，都容易格式成"S"。在自己开的飓风书店，员工在入口处把书堆成 S 形，他就特舒坦，左看右看的，搞得员工战战兢兢，问是不是有问题，他挥挥手叫人下去，手伸回来的时候，感觉自己挥了个 S。晚上招呼姓孙姓沈姓宋（都以 S 开头）等朋友吃饭，吃着吃着，发现自己吐的鱼刺恰好构成一个 S，他慌忙把图案打乱，抬头却看到女招待的发型是个 S。

他受不了了，自从那个春天的夜晚，因为失眠看了"康熙来了"，从此就再没睡好过。外号带 S 的女主持深深地霸占了他，他翻出很久没有检阅的情诗自选集，重新找回了少年激情："S，我们要是能在一起多好啊。/ 这么想想不也挺好吗。"不，不，这种经典台词只适合孙甘露这样缠绵的人,对于宝爷,生活最好短兵相接速战速决,像莎士比亚那样:怎么,你在独身生活里消磨你自己?

可是呵,宝爷毕竟是星爷级人物,总不能送芭比娃娃叠千纸鹤去电台点歌吧,这个时候,他真是有点嫉妒甘露老师了,当年一跑江湖就写小说多好!作家牛呀,同时笼络着十五岁到五十岁的女性和男性,孙老师走到哪里,广大人民自动上前,留地址的留地址,留手帕的留手帕,这样的好事,宝爷没怎么碰上过。所以,这些年来,眼看着孙老师的女朋友越来越稚龄,宝爷心里是掀过几回波浪的。不过,现在大敌当前,宝爷准备不耻下问,再说了,孙老师不是自己撞上门来了?

宝爷直奔主题,最近不爽。孙老师凭着几十年的沙场经验,马上告诫,现在的女孩子,你不能老是和她谈书,就算谈书,也不能在《爱国者游戏》上盘旋。宝爷哀鸣一声,谈书?连谈话的机会还没呢!孙老师毕竟姓孙啊,他更为迷人地一笑,说,没谈过,那就好办了,这样,明天,我们一起办。

宝爷办报（小宝之五）

宝爷原来以为孙老师会说"办个PARTY"，因为凭着孙老师的面子，三岸五地的明星没有不买账的。但是，孙老师却说：办份报纸。

疑惑归疑惑，热锅上的宝爷马上注册了一份小报，SAO。孙老师真是姓孙，他建议宝爷在SAO上征集读者想象，让全体人民猜猜SAO是什么意思，虽然宝爷自己的意思其实是谦卑的，BAO跟S姓嘛！征集活动一展开，上海小资疯掉了，因为活动特等奖是：和宝爷孙露露一起晚餐，另赠惊人礼物；二等奖是，和宝爷孙露露一起合影，另赠三年SAO；三四五六七等奖也各有机会。

活动开展了一个月，宝爷和孙老师一样，成了大众偶像，宝爷也终于领教了孙老师平时的苦恼，就算穿着S码衣裤，到哪还是被人认出来，连卖茶叶蛋的老太婆都笑眯眯地对他说，大哥，你像我孙女墙上贴的那光头明星。同时，各行各业都来求宝爷代言，而且说好广告双赢，比如，我SAO，我NIKE！很快，有影视大腕星夜前来，希望宝爷为人类文明计，出演〇五版《鹿鼎记》，而且，他们愿意随时按宝爷心愿调整为他配戏的七大美人。

红尘万丈在足下，星爷级的人物到底有心胸啊，宝爷在九九网发布了一则消息，"两点希望"，一希望宝迷注意安全，不要从淮海路冲过来吻他；二希望世界和平青春万岁，宝爷暂不涉足娱乐圈。从媒体的浪尖下来，宝爷突然发现自己游刃有余了，甚至，当"康熙来了"开始时，他也不再浑身哆嗦。

他认真地办起报来，当然，宝爷一认真，后果也堪忧。SAO发行一个月，销量增至千万，可到年底就被停刊，当年评出的十大假新闻，SAO占了前八大，而且，宝爷自己承认，所有的专栏，都是他一个人干的，所有的新闻，都是他在床上想出来的，比如这条"祖国大地香喷喷"，他想象在遥远的边疆，有一块无比芳香的土地，想着想着，就写成新闻了。

报纸给停刊了，新上场的芙蓉姐姐爱做S形，又彻底摧毁了他的S梦。宝爷感觉要找新激情了。

宝爷吃亏（小宝之六）

宝爷要找新激情，新激情倒自己找上门来了。

黄昏时候，飓风书店生意最好的时候，宝爷坐在飓风咖啡座，貌似慈祥地和两个女文学青年聊天："朱德庸的漫画喜欢吗？"《粉红女郎》正在热播，写不来"庸"字的孩子都知道"万人迷""结婚狂"。不过，宝爷提到"我的朋友朱德庸"，那是醉翁之意不在酒："喜欢，那你们有没有看他最近的漫画？"女文青马上激动地问你们飓风有卖吗？宝爷倒不急了，说你们俩倒可以让朱德庸画一画呢。女文青哪里把持得住，当时就心神俱醉，低垂了粉颈，只拿眼互相瞄来瞄去，吃吃笑。

宝爷于是起身，笑眯眯亮出《别拿畜生不当人》（小宝著，朱德庸绘），顺便插一句，宝爷这个人，虽然在江湖上早是呼风唤雨的主儿了，可是看自己的文字还真是谦虚，老觉得和莎士比亚曹雪芹还有距离，所以，他把书递给女文青的时候，很真诚地说了一句：漫画可以翻翻，文字就别看了。

女文青哪里答应，红宝书一样地捧在胸前，起起伏伏说不出话来。当时场面，真叫无声胜有声，饶是宝爷这样的人物，一时也心情激荡。可就在这关键时刻，书店门口一片喧嚷，一工作人员慌慌忙忙跑来，请宝爷过去。

宝爷强行捺下恍惚，听工作人员向他汇报，来了一个不知什么地方的姑娘，上海话听不懂，普通话也不会说，咿里哇啦地在书店里转悠，现被保安拦在门口，哭着呢。

宝爷最见不得女孩子哭，他上前，耐心开导姑娘，用他会的所有语言和方言，包括阿拉伯语和广东话，叫她慢慢说，到底在飓风找什么？姑娘瞅瞅宝爷，断断续续："你们飓风书店，一个人，恋爱，和我，后来，走了，两个月过去，又两个月过去，现在，小飓风，有了。"她指指自己肚子。

水落石出，宝爷光火，全体飓风工作人员集合，叫姑娘指认！工作人员到齐，姑娘傻眼了，除了门口两保安，都是女的。她回头看了看宝爷，豁出去了，心想你好歹是个干部吧，一扬指："就是你呀！"

宝爷遇忠爷（小宝之七）

上回说到宝爷被一姑娘指认与之有染，一时倒也虚软，他立马回头跟贴身工作人员悄声交代，查查四个月前我在哪里？一会工夫，工作人员喜不自禁地跑来，说，老板老板，不可能是您，四个月前您在阿富汗塔利班招工。

云开雾散，宝爷爽了，他更加慈爱地走到姑娘面前，说："姑娘，你认错人了，你要找的是文忠。"嘿嘿，文忠你也有今天！当年，宝爷三十大寿，文忠贴心贴肺地跑来问，要不要请美国总统克林顿来唱堂会，整个《算你狠》什么的，宝爷觉得有面子，另开了八十桌酒席供应媒体。这个事情在上海滩闹得很大，警花出更为宝爷护航，媒体严阵以待二十四小时，但一直到宝爷脱下防弹衣，小克都没出现。宝爷虽然不在乎，但宝爷班底一直不爽，所以，今天的栽赃也是跟自家兄弟一个交待。想到这里，宝爷温柔地拍拍姑娘："别怕，我带你去复旦大学找他。"

正说着，文忠教授一脚跨进了飓风书店。忠爷是谁啊？中国三宝之冠，后面跟万里长城和大熊猫。青春年少，相貌堂堂，一手写梵文巴利文，一手操控纳斯达克，至于他的出身，我们平民最好不要知道，免得看见他就哆嗦。我们知道的是，他家的字纸篓，乃西周的小鼎。忠爷是来视察新著《末那皈依》销售情况的。宝爷于是让姑娘先闪在一边，不要出声，伺机而动，然后把忠爷拉到一旁落座。两人一边对抽雪茄，一边商量是不是由忠爷出面，从梵文入手，梳理一下外滩周围几条马路的出身，然后宝爷亲撰提案，出面呼吁，重新命名新上海，横马路跟"忠"排行，竖马路随"宝"取名，联手精忠宝国。

宝爷遇忠爷，惺惺惜惺惺，竟然把姑娘忘一边了。烟过三巡，茶尽五泡，谈完神舟十三号，说罢人间四月天，才想起正事，回头却不见姑娘了。问工作人员，说早走了，只留了一方香帕。宝爷展开一看，上写五字：啊，上海男人！宝爷一阵惆怅，吟出句深奥的话：享福人福深还祷福，痴情女情重愈斟情！

宝爷来到素素家（小宝之八）

姑娘走了，宝爷倒一阵惆怅，信步踱到隔壁玫瑰发廊，老板娘满脸生春地迎在门口，问"红玫瑰"还是"白玫瑰"？宝爷低沉说出"白玫瑰"后，就再不言语。老板娘善解人意，拿拿捏捏，亲自上手。"红玫瑰"是热恋的发型，"白玫瑰"是失恋的发型，宝爷今朝不爽嘛。

走出理发店，当着万家灯火，宝爷看了看橱窗里自己的身影，心头涌起周星星的台词："我是一个感情很复杂的人，一个感情很复杂的人如果只爱一个人的话，就会变得感情有缺陷，一个感情有缺陷的人，你就算永远地拥有他，也是没用的。"转身，对着满街美丽女郎，宝爷抱歉又凄美地笑了笑。算了，他对自己说，今天我已经对不起一个人了，不能再荼毒第二个。

这样想着，他发现自己已经拐到了许爷夫妇楼下。众所周知，许爷和素素是上海滩上最炫的男女组合，他们说要吃素，猪狗牛羊进冷库；他们说不要光，昏天黑地没太阳；他们说宝爷，宝爷来也。

奇怪，是素素来开的门。平时，开门关门这些事，都是许爷。素素脸色也不好看，向书房撇了撇嘴。宝爷探头一望，许爷正趴在硕大的书房桌上，醉蟹一样深沉。事情是这样的，高考历史卷中，有这样一道题，问黄花岗起义时，开第一枪的人是谁？四选一：A 黄兴，B 宋教仁，C 孙文，D 罗福星；可接着第二题，问黄花岗起义时，开第二枪的人是谁？选择项同上；第三题再问，开第三枪的人是谁？选择项依旧。

这三道题的标准答案都是 A 黄兴，因为许爷撰写的历史教材里写着："黄兴朝空中鸣了三枪，揭开了黄花岗起义的序幕！"为这三枪，许爷现在出不了门，而且离开了社科院。宝爷马上被抚慰了，转而安慰老友：当年，我哈佛毕业没工作没女友，找人算命，那人说："你呀，前半生不大顺利，直到四十岁……"

许爷说，是啊，你四十以后就顺了。宝爷意味深长地摇摇头：不是顺，那人说，你以后就习惯这样的生活了……

说罢，宝爷走出素素家，又跨进了玫瑰发廊。

陆公子外传（一）

宝爷说，应该写写陆公子了。我这才意识到，再不写，就来不及了，男人结了婚，多半风流变下流，像宝爷那样婚前婚后贯彻本色的，上海滩也就两三个。

陆公子容貌娇美，有人说他长得像还珠格格，有人说像木村拓哉，去年华东师大开东方蝃蝀作品讨论会，说到全盛期的东方先生，老翻译家吴劳就说，长得跟陆公子一样清秀。全场目光扫向陆公子，他淡然一笑，端的是青春牡丹亭。

自然，陆公子是自负的，所以，当年认识他的时候，我拿江湖传言问他，听说已经有十三姨，他瞄我一眼，这是几年前的说法了。最近几年，陆陆续续的，我也见了他五湖四海的一些个红颜知己，饭桌上，当着人家洋鬼子老公，他教育和番女友，钱要省着点用，以后，还不是我们的？然后，他冲鬼子一笑，夹上一块红烧肉，Shanghai Style。

说到 Shanghai Style，陆公子自然是位列三个代表。港澳台同胞到上海，经常问，上海有什么好玩的？齐刷刷的，大家回答：子善，小宝，陆公子。陆公子排行最后，因为年纪最小，但年纪小，不一定是资历浅。他出道早，通讯录上的名单有前朝太监、金大班和我党的地下工作者，仰慕他的读者给他写信，都叫柳公公，以为是遗老。

装遗老是陆公子最擅长的，一身中式棉衣，端坐红木椅上，临魏碑晋帖，装神弄鬼地整出一副千帆过尽的腔势，现代男女哪里经得起这样挑逗，女孩子痴倒了不算，男孩子也三颠四倒，请求陆老师千万帮帮忙，老婆近来有些心神不定，能否请老师出马晓之以理？陆公子先是婉拒，对方坚决要求；再婉拒，对方更坚决，已经买好大剧院的戏票两张；三个回合下来，陆公子看在朋友面子上，慨然鸣金，收完夫人又收兵。回家日记里写一笔："不是我存心故意。"

要真存心，那就水漫金山了。有一趟，报馆组织全体编辑出游，允许带家属一名，为不辜负公家的一片美意，陆公子于是急招临时夫人，事情如何了断，下回续说。

陆公子外传（二）

上个星期《陆公子外传》刚刚开张，晚上就被陆公子请吃饭了。意思很简单，最近正练双人跳台跳水，难度系数高达三点九，成功与否就看压水花技术了，做朋友的这个时候嘿嘿嘿？接着，他幽幽然讲起王光美回忆录，说毛泽东请几位大员的夫人来游泳，没想到江青醋劲发作，所以啊，是女人总是吃醋的！

发出去的文章嫁出去的女儿，宝爷倒是很仗义，愿意顶下陆公子的过往风流，但是，陆公子看了看宝爷，终究不放心，说，算了。当年，宝爷也帮朋友顶过事，但惹出多大的乱子啊，要不是陆公子，宝爷现在哪里会有精神写专栏。

说起来，陆公子和宝爷的相识，倒也因缘于那场乱子。其时，他们都还是毛头小伙，看见女孩会脸红，看见大娘叫阿姨。那天，刚好是情人节，别人都找了借口早早开溜了，宝爷没地方去，留下值班，本来医院领导派沈宏非开车送十个精神病患者去总院，沈宏非哪肯情人节加班啊，好说歹说，让宝爷悄悄帮他顶下。

帮朋友顶事，宝爷一路都很小心。十个患者也安安静静，宝爷心头涌起四个字，以德服人。车到徐家汇，宝爷突然瞥见在大教堂门口留影的一个女孩特别像中学同桌，他一个急刹车，车没停稳，就一阵风地下来朝女孩跑去。但是，天意弄人，女孩不见了。宝爷围着教堂跑了两圈，怅然归车。回到车上，宝爷傻眼了，十个患者一个都不见了。

急中生智，宝爷把车开到附近的一个公共汽车站，大叫，免费巴士！很快，十个乘客上足，宝爷一溜烟地把他们开到精神病总院，并且关照接收人员这些病人非常容易激动，而且个个满脑子幻觉。

事情三天后才败露，宝爷没事是陆公子帮的大忙。陆公子是十个乘客之一，还有六个是哥们姐们，年轻贪玩，毕竟过了一个难忘的情人节，而且最终飞越疯人院，所以，不仅没告宝爷，还无限同情他的同桌情结，动用社会关系把他保了下来。至于他们的未来友谊也就这么牢牢地结下了。

所以，能和陆公子一起跳水的女孩，有福了。

陈副主席自述一：照相机

我就是陈村，这两年弄发弄发也让我混了个作协副主席当当。当然了，主席这种事情，外头人看看蛮德高望重的，其实也带来交关多的不便，比方讲，一道吃好夜饭，本来可以搭搭人家小姑娘的黄色小轿车回去的，走到饭店门口，司机已经把车发动了，只好一个人爬进冷冷清清的桑塔纳。

这也就算了，心里头不适意主要是，小宝这只瘪三钻进人家黄色小轿车了，伊明明自己开了宝马来咯，假装喝多了，非要人家小姑娘送伊回去。一部小车，三男两女，扑扑满，月光下看过去，里面真是春意浓浓。所以啊，后来我也想清爽了，长的是白天，短的是夜晚，我活到这把年纪，也应该可以从心所欲了。

不过，侬也晓得，像我们这种八十年代进入青春期的，总归有点放不开。我也弄了个斑竹当当，小众菜园，现在名气是蛮大了，男男女女，瞎三话四，隔五岔六，也组织点聚会，鲜花港白相相,猪头山黑侃侃,不过,到了紧要关头,也不晓得哪能,屏不牢又哲学起来:"性,性是什么,就是打土豪,均贫富!"小姑娘一听,转成课堂的眼神,知道是没戏了,索性自暴自弃:"爱情,只存在于青楼。"

讲出这么卫生的话,晓得要混到宝爷的境地,不恶补A片是不行了。开孙甘露作品研讨会,他也能一边吐烟圈,一边谈乳房,整个会场一下分出男人女人,不好意思盯牢人家小姑娘穷看,我抄起贴身相机嚓嚓嚓!拍照,侬有数的,这两年,小姑娘衣裳越穿越低,像我这种有身份的人,做狗仔是亲民,当花痴是短路,所以,照相机上头,我是舍得花钞票咯。哪里有陈村,哪里有相机。回到屋里厢,挂到博客上,哦哟,我讲错忒了,不是我个人博客,是小众菜园,网站网站。

讲到照相机,这几年我是越来越离不开她了,上趟帕慕克到上海,我一到会场,发现我照相机没带,马上叫司机回去拿,上半场小帕讲啥我根本听不进,好像近视眼没戴眼镜昏头六冲,一个钟头,照相机到手,我活过来,要讲变态,也真有点。

陈副主席自述二：八十年代

照相机是伴侣，宝爷是好朋友。俩人特征差不多，都是能伸能缩，欢喜美女。奥呦，讲到宝爷你们这些小姑娘就眼睛发亮，社会风气是越来越坏了。

还是八十年代好啊，那时我们作家日子好过。乱哄哄的校园诗人都能骗走校花，像阿拉这种才貌双全的，天天收情书还来不及。碰到舞会，一只曲子要跳两个人，四五年跳下来，我只脚吃不消了，到现在走路还是有点跳两步腔调。两步，最代表阿拉八十年代风气了，可进可退，既可以浑水摸鱼，又允许海誓山盟，跳得来，像吴亮像我，就是四两拨千斤；跳不来，就是广播体操扩胸运动，累得要死还被人骂戆大。

舞会结束，十五六个人，再跑到小宝屋里继续开黑面舞会。讲是讲黑面，其实也做不了什么。上海那时候的夜还真叫夜，黑灯瞎火，要是没月光，就是墨墨黑，搞得有趣小宝搂住宏非跳了一曲"Oh, Promise me",现在他们俩人关系这么好,是有感情基础的。

其实还是胆子小,舞跳不动了,就坐下来一道看录像带。当然是毛片,不过跟现在的毛片比起来,算是故事片了。看到要紧关头,大家都开始抽烟,还装着聊几句,都唇干舌燥。片子小宝看过好几遍,要紧地方都让他看模糊了,他就装神弄鬼评论说,香港电影还是不能和日本电影比。格只瘪三,他就喜欢搞这种修辞,当年搞对象,有三个女人好选择,盘来盘去定不下来,他给三个女孩每人一千,看她们怎么理财,第一个给他买了东西,第二个为自己买了东西,第三个去开了个俩人户头,水落石出了,他最后选了个胸围最大的。

……

陈副主席自述三：小阿姨

八十年代一混就混忒了，有段辰光，倒也蛮失落的，一道白相的男人，出国了，一道白相的女人，嫁人了。连小宝这种混世魔王都说，老了，以前跟政协委员的儿子玩，现在跟政协委员玩。陪他白相的政协委员，就是我呀。

其实也没啥花头，不过小宝跟我讲，像我这种有社会地位的人，就算用不着，家里也应该请个阿姨，来个朋友，泡茶倒水，自己忙进忙出，就没腔调。他看我没反应，接了一句：讲是讲阿姨，其实都是廿岁小姑娘，老家穷，跑出来赚嫁妆。

第二天，小宝就把小阿姨领到我屋里厢来了。哎呀，我到底单纯啊，也没问问小宝哪里弄来的小阿姨，看伊长得具具体体的，就蛮好蛮好同意了。小阿姨倒也能干，擦好地板擦玻璃，看我杯子空了，马上倒水，搞得我第一日喝了两热水瓶茶。

当时我还住在妇女用品商店楼上，地位一高，妇女也用不起我了，再讲了，我也不是那种庸俗名家，到处哇啦哇啦，出趟国，身上一只鳄鱼，脚上一只兔子。我低调来兮，英国回来，屋里厢也就多一张跟戴安娜的合影。不过小阿姨看到照片，兴是兴奋得来，马上要我帮伊签名，签在伊笔记本第一页，我一看，上头已经签了一个"著名导演江海洋"，妈的，小宝笔迹嘛！

小阿姨看我与外国女人合影，对我更加尊重，有天半夜里，跑过来问我，陈老师，外国话里，谢谢你，怎么写啊？我吓了一跳，转过身看她倒是一本正经，喝口水定了定神，问她写在哪里？她拿出背后信纸，叫我帮伊写在最后头。我写好，小阿姨更加大方了，说，陈老师，你帮我看看，有没有错别字？

这封信是写给小宝的，歌词大意是：江导，离开你家后，我一直都没忘记你。月亮代表我的心。我是一只小小鸟，你是一匹来自北方的狼，我们有缘千里相见，谢谢你给我介绍陈老师，我相信明天会更好。你的电影需要我唱歌的话，就打陈老师电话……

一年后，小阿姨回老家结婚，小宝过意不去，以江海洋的名义送了一套《秋雨全书》。

世界杯要开始了

这几天，三峡围堰终于落幕了，《新闻联播》终于换美女了，各地四大班子又开始走马换将了，阿扁女婿吃官司了，香港巴士阿叔竞选下届特首有人气了，上海马上要开上合组织峰会了，警犬开始天天坐地铁了，找不到工作的学生开始跳楼了，柳叶主编与《万象》七年之痒了，《书城》杂志改嫁又整容了，还有，还有……

所以，长途旅行回家，我们第一件事情不是和家人巴山夜雨话相思，而是先和互联网缠绵一番，看看安徽那个三岁的小烟鬼是不是成功地戒烟了，追查一下山东的八十岁老头是不是找到了自己的初恋女友，太阳底下有新事，我们的荷尔蒙在自己身上呆不住。

呆不住，就去参加"我最想非礼的香港女艺人"投票活动，虽然在香港妇女团体的压力下，活动更了名，叫"我觉得最性感的香港女艺人",但是,那有什么区别吗?三岁的孩子都知道,一男一女,电灯一黑,那是要做坏事了。

但明天开始,我们都不用做坏事,我们可以一起朗诵海子的诗歌了:"从明天起,做一个幸福的人!"他妈的,四年一次,世界杯,终于,终于来了。我希望上合组织峰会开到世界杯决赛那一天,全体放假到七月,我们把上海的马路全部让给他们,让给这些车队,警察也不必在街头吆三喝四,白天我们都会乖乖地在家里睡觉,晚上我们会乖乖地坐在电视机前,我们把整个上海让给峰会。

世界杯要开始了,天哪,多么可怕。我的一个朋友说,白天在公司里,只要谁提到世界杯,他就感觉小便失禁的激动。这种状况,初恋时候没有,再婚时候没有,只有想到龅牙的小罗纳尔多临门一射的时候有。他问我,我是不是变态啊?我说是的,你变态,但谁又幸免了?昨天去买啤酒,小卖部的小伙子刚说完"二十块"扭头就跑了,等了半天,他在里面叫,不卖了,关门了,隔着门,我听到电视机在回顾去年的世界杯。

世界杯要开始了,走在太阳底下,我一个人嘿嘿笑。

我想握住你的手

"我想握住你的手"这两天成了MSN上引用率最高的签名，不知道出处的人，大约最近没到过上海，这句话是今年上海的作文高考题，高考一开场，这句话就申城风靡，尤其在高雅体面的白领阶层，很多人借此开放羞答答的玫瑰。

昨晚在徐家汇下车，左边餐馆广告是"看世界杯，吃小龙虾"，右边酒吧招呼说"我想握住你的手"，上有天下有地，中间点着霓虹灯，社会和谐人间有情，世界杯永不落幕，小小手永远握住，因此，尽管世界杯一直号称男人的盛夏，盛夏里如果没有女人，世界杯没这么权威。

就说宝爷吧，当年也不是球迷，读大学的时候，同寝室的谈球说杯，宝爷也不起劲，他喜欢哲学，八十年代的女生普遍爱深沉的东西，宝爷一边吃肉丸，一边讲尼采，饭没吃完，爱情开始了。但是，接下来发生的事情，一夜之间改变了宝爷。

当时，宝爷和现在的作家陈村住一个宿舍。陈村喜欢看球，什么球都看，其中又以足球为最，所以，当一九八六年的世界杯终于来临时，陈村就没离开过大学生活动中心。那年头，只有活动中心可以看到清晰的马拉多纳。这样，陈村拿个席子就搬到中心去了。一天晚上，宝爷前去通知陈村第二天上午是英语期末考试，可一进中心，他就被眼前的景象镇住了：二百平米的活动中心，轮船五等舱似的通铺，男男女女，腿挨腿，手碰手，碰到惊心动魄的场面，一齐尖叫拍腿，浑水摸鱼的，一下拍到邻座女生那里。战争时期，女生也不计较。在马拉多纳长途奔袭途中，宝爷就亲眼看到陈村控制不住地拥抱了当时万众瞩目的校花，这种事情，平时都是挨耳光的，但是，战争时期嘛！

宝爷从此成了铁杆球迷，墨西哥世界杯的主题曲"别样英雄"自此也成了宝爷的别样追求。遗憾的是，进入九十年代，挨家挨户的彩电葬送了上下其手的可能。不过，经过岁月淘洗，宝爷真正地对足球动了感情，他剃足球头，戴足球帽，左手握右手，迎接世界杯。

三块七

老大爷去买西红柿,问摊主,多少钱一斤?摊主回答,两块五。大爷挑了三个西红柿放到秤盘里。摊主说:"一斤半,三块七。"大爷说:"我就做个汤,不用那么多。"说着就去掉了个儿最大的那个西红柿。摊主迅速地又瞧一眼说:"一斤二两,三块钱。"

旁边人看不过去,提醒大爷:"这秤肯定有问题。"没想到大爷毫不在意,伸手就往外掏钱,摊主见大爷如此爽快,得意洋洋扫了一眼旁边鸣不平的人。不料大爷并没有拿摊主已经装在塑料袋里的两个西红柿,而是拿起刚才去掉的那个大的,放下七毛钱,笃悠悠转身走了。

世界杯已经开场,小组赛抽出的签一向是摊主作风,德国一大西红柿加上三小西红柿,三块七;英格兰、瑞典两大西红柿,加上一中西红柿一小西红柿,三块七;阿根廷,荷兰,再加两小西红柿,也是三块七,反正,要确保大而难看的德国西红柿在主场首轮出线,就像上一届的韩国世界杯,搞假秤玩假摔也得进四强。

但是,进了四强的韩国队又怎么样呢?这年头,球迷都是最好的裁判,人人有老大爷的本事,世界杯一开赛,大家都把韩国队踢开,我们不选假大空,我们选阿根廷选英格兰,甚至选荷兰选墨西哥,我们选激情狂野的足球队做我们人生的番茄汤,就算它可能在小组赛中首先死掉,我们依然满怀热爱。

爱足球爱生活,如果世界杯赛场上奔跑的是,十支德国队,十支韩国队,再加几支美国队几支伊朗队,今夜我们不会等子夜的钟声敲响,马原老师这两天不会因为欧洲的签证下不来而魂不守舍。今天在同济开会,说到马原要去欧洲亲自看世界杯,会议马上就离题了。呵,亲爱的齐达内劳尔里克尔梅巴特斯,多么希望能在你们生日的世界杯绿茵上为你们唱响"祝你生日快乐"!

祝你们快乐,足球就是为快乐诞生为快乐存在,所以,当记者让我预测今年的冠军队时,虽然我没有一丁点儿职业资格,可我毫不犹豫叫出"阿根廷",不是因为它的大小,而是因为它让我快乐。

解释越位

我在没有一点足球常识的时候看起了足球，看到维埃拉一脚传给齐达内，马上欢呼起来，但没人和我一起欢呼，因为齐达内前面没人拦着，说这是越位了。

女人理解越位总是有点难，从恋爱开始，女方天然拥有在禁区里随便厮杀的权利，男人找个理由挡挡看，只有死得更惨，所以越位这样的规则多半是饱受两性之苦的人琢磨出来的。

这样，某种意义上说，世界杯可以算是男人在日常生活中的一次集体造越位，借着铺天盖地的"不得不看的世界杯"宣传，他们对着只热衷裴勇俊大长今的老婆大人痛切陈辞：今年夏天，无论如何要看世界杯，否则，在单位里插不上嘴，同事看不起，领导看不起，晋升没希望；另外，这些年心理压力越来越大，长此以往，肯定要得忧郁症，世界杯是最后的治疗机会了。总之，说到老婆主动把电视机搬你书房，把冰啤酒搁你床前，创造了最审美的家庭环境后，你听着 TIME OF OUR LIVES，流着口水睡去。

很快，老婆发现老公申请的足球疗法，大多是鼾声里度过，同时还赖掉了大量家务活，赖掉了孩子接送检查功课等公共事务，足球寡妇们马上发起反击，她们拿着旅行社的广告回家玩假摔，"他看球的时候，我好寂寞，也许旅游……"

实在呢，我们的日常生活男女对阵就是永不谢幕的世界杯。因此，昨天晚上，宝叔的女朋友突然问我，越位假摔是什么呀，陪他看了三场球了，还懵里懵懂的。我马上回答她，你呢，现在是越位，因为宝嫂没赶上来拦着你进球；宝叔呢，现在是假摔，他看球是为了深更半夜有理由和你在一起。宝叔的女朋友马上绯红了脸，反骂我无耻。

不过呢，我最近看到的一个事例，实在是假摔反击越位的一个最好案例，事情是这样的：密歇根州的一个男子，凌晨五点持枪走进快餐店打劫。收银员向歹徒解释，如果没有点餐他没法打开收款机。于是这个男子点了份炸洋葱圈，但收银员说，早餐时间不提供这玩意儿。歹徒因此深感挫折，怅然离去。

不看韩国

一进赛场，教练训话："小伙子们！今天我们要跟世界上最著名的球队比赛，希望你们老老实实地比赛，而且要争取胜利！"话音刚落，队员就大声反驳："您最好把话说清楚，要么老老实实地比赛，要么争取胜利！"

这事情，我觉得，讲的是2002年世界杯上的韩国队。那一年，韩国队把我踢疯了，吞葡萄牙杀意大利断西班牙，光天化日作弊，里应外合抢劫，踢进去的球被吹出来，吹出来的球给抱到对面去，TMD我当时就发誓，这辈子再也不看韩国队。

晚上九点，2006年世界杯韩国队第一次亮相，我关了电视，关了电脑，决心对自己的誓言负责。我出门去，但走到小区门口就灰溜溜回来了，几个保安对着一个黑白小电视在嗷嗷乱叫。没地方去，一路都会有露天电视，徐家汇还有大屏幕给堵车的司机看，想逃开韩国队，只有回家睡觉。

然而哪里睡得着，左邻右舍都是解说员的声音，隔一会，更有汪洋的欢呼声传来，同时，电话铃响了，朋友在那头唱，我们，亚洲！亚洲，有希望！然后，他一口气跟我讲解了多哥的一粒进球和李天秀的任意球扳平，我一边叫别告诉我一边贪婪地听，最后，我突然想起，质疑他，你小子上一届世界杯结束不是也发誓不看韩国吗？他嘿嘿一笑，说这回韩国队不是韩国队，是亚洲队，你是亚洲人，就该坐到电视机前去。

一时好像我有了非常强劲的理由，为了亚洲！打开电视，解说员也口口声声一嘴一个亚洲，大谈韩国现在是亚洲最后的希望了，但是，再一次看到观众席上乌拉拉一片红魔，我马上秘密地为黑乎乎的多哥祈祷，千万别中红魔巫术！

说实在，小组赛到今天，这场球算好看的，前面几支强队都把1比0坚持到底，抹布一样地在屏幕上拖来拖去，但是，我宁愿相信，那是世界杯战术，是足球战术，而韩国足球，重音过于降落在韩国上了，没给我们这些足球异乡人什么亚洲感，看到安贞焕进球，我关了电视，因为接下来，电视机上会是一片叫人窒息的红。

赌球

没有中国队参赛,心理上比较放松,但是,看比赛,没倾向便没劲,再加上,天天三班倒,不搞点刺激,撑不住半夜三点的眼皮。所以,赌球。

既然是赌,赌巴西胜克罗地亚就太普通,我们赌巴西进四个球,还有的同志赌性上来,赌克罗地亚一比零赢巴西,那个晚上,他赔死,可是,一直笑眯眯,说,这才叫赌球,你心里越喜欢谁,越不能把赌注押她身上,因为上帝从不帮助赌徒。

我们不相信他,他就举例子。一九五四年,世界杯半决赛,匈牙利对阵乌拉圭。之前,乌拉圭在八强赛中对阵英格兰,气贯长虹地以四比二晋级四强,当时,半个世界赌乌拉圭要灭匈牙利,加上匈牙利的五星上将普斯卡什还缺席。六月三十日,激战开始。四十六分钟,匈牙利已经领先两球,这样,新的赌注开出来,赌乌拉圭的转赌匈牙利。可是嘿嘿,上帝插手了,七十五分钟、八十六分钟，前锋荷伯格接过了斯基亚非诺的两次助攻，乌拉圭顿时以二比二重开了赌局。

就在全世界的重新叫赌声中，上帝嘿嘿笑着退场，狂喜过望的乌拉圭球员疯狂地冲向战神荷伯格，意外发生了，一个队友撞伤了他，接踵过来的队员没有发现他已经被撞伤，继续压在他身上又捶又摇直至他昏过去，这样，最后的加时赛，乌拉圭只好暂时以十人迎战，等待荷伯格苏醒。

荷伯格最后醒是醒了，但匈牙利的前锋柯奇士很快以加时赛的两粒进球锁定了结局，而乌拉圭的世界杯神话因此终结。对足球史上这样一场转折型比赛，朋友的解释又神秘又简单：赌谁谁输。

我们反问他，既然原因和结论都这么简单，那我们不赌阿根廷，阿根廷就冠军了不是？但是，这个无耻的家伙又反戈了："可你们做得到吗？人家不爱你，你撤过兵吗？"

接下来，我们集体骂昏了他。TMD 世界杯本就够迷离，还跟我们搞禅宗。也就怪不得，有一回，张中行、启功两位老先生下馆子，启功先生跟服务员说："你们店堂里的这块匾是我写的。"服务员说："吃饭！什么匾不匾的。"

所以，看球！

球迷

受父亲影响,大宝也成了球迷。数学考试,问九十减四十五等于多少,大宝回答"下半场"。老师把试卷给大宝父亲看,父亲连连搓手,说,我回去教育他,这孩子,忘了考虑加时赛。

大宝就这样长大。长大以后娶妻生子,爱生活爱老婆爱孩子,但老婆常常意难平:"大宝,球赛高于我们娘俩,对吗?"大宝回说怎么可能!老婆要他证明:"那我问你,咱们小宝是哪天有的?"大宝朗声道:"永生难忘,马拉多纳一个人打败英格兰的六月二十二日!"

二十个六月二十二日过去,小宝和父亲一样,成了球迷。二〇〇六世界杯开战,大宝老婆看着心心相印的父子俩,落寞地:"如果今天是我的葬礼,你们会来参加吗?"父子俩异口同声:"怎么可能把你的葬礼安排在有球赛的时候?"

发生在大宝家的事情,虽然有些变形,但多多少少是取材于生活的。像我一个开饭店的朋友，菜谱灵感全部来自足球，菜分前场中场后场，前场有齐达内，系肉松环绕的光顶豆腐，中场有"肥螺""小贝"，后面还有里克尔梅清口。美食跟着足球变，最近，朋友特意推出了世界杯菜系，其中的"阿根廷VS塞黑"就是六个猪蹄和一个蛋，菜红光满面的，但喜欢塞黑的球迷看了会难过，可就算是这样悲伤的菜，以后也永远不会有了。

但快乐足球菜谱里，这样的菜毕竟是少数，我们在他的馆子里喝酒，一高兴，也装豪客："去，给老爷把决赛那场菜烧出来，阿根廷八比八平巴西，最后点球胜出！"说实在，世界上多的是我们这种球迷，看球就是为了看进球，永远觉得自己比裁判高明比教练牛逼，看到自己喜欢的球队吃了黄牌，马上骂裁判黑哨，看到自己喜欢的球员换了下场，马上说教练无能，其实，我们懂个屁啊！

但足球不就是给我们这些不懂足球的普罗看的吗？这不特别像我们的爱情，对他什么都不了解，却愿意陪他到天明。所以，像我这样只能看懂射门的人，也能在这儿谈足球，因为我是如此盲目地爱他，而忠贞，就在这儿了。

色·球·戒

如果不是世界杯挡着，李安到上海国际电影节会成为"上合峰会"后的头号大事。虽然"色戒"已经接了"断背"案，但沪上的娱记还没走下好莱坞的红地毯，李安到上海，是有点像电影节的秘密武器，让不少媒体小便失禁似的叫"来了来了"，可是他到底也来了有一段时间了，到今天报纸还在嚷"来了来了"，叫人不禁有点冯小刚在开幕式上的脾气了，"今天是谈李安，还是谈电影呢？"

冯导是真吃醋了，哪个电影节开幕式谈电影？再说了，李导都实话实说了，他到上海是来拍新片，没办法才不得不到电影节露脸。用句法国新浪潮时代的名言，跟你说她，是为了它。还不明白，再举个例子，詹姆斯的《欧洲人》里，尤金妮娅问弟弟，舅舅家的两个女儿哪个好看？弟弟说，大的更好看。谙熟人事的尤金妮娅马上一针见血："那你一定喜欢小的那个。"

说起来，这种指东道西，也算李安风格一种，所以，我觉得他来拍《色戒》，还是参差对路。张爱玲明里戒色，其实戒情，否则这篇小说，也不会一改三十年，并"不问值不值得"。

这样的痴情不问，李导演如果觉得要采风，那么世界杯期间，现成的故事有好几桩。说一个本地的——上海被认为是最没感情的地方，尚且如此啊！

青年王某和朋友一起看球，英瑞之战第三十三分钟，乔科尔得球，他胸部停球，右脚撩射，落叶球飞进瑞典大门。小王一声欢呼，躺将下去，可是他忘了，他那天不是坐在床上看，他和朋友一起坐在天台上看，他于是也落叶一样飘向地面。在长海医院的抢救室里，记者问他，后悔吗？他灿烂一笑，问最后比分多少？记者没忍心告诉他踢平了，只说英格兰接下来要杀厄瓜多尔。

色戒也罢球戒也罢，就算把命搭上，都戒不了，因此，虽然张爱玲自己否认，但小说中的特务头子的确迷人眼，这个，也许是李安最难面对大陆电影审查的地方了，但是，谁知道呢，或者就是为了这个难度，李安特别要拍《色戒》呢，他有他戒不掉的东西。

足球比篮球更圆

吃饭时候，我们几个泡世界杯的纷纷为自己的球队下赌注，阿根廷英格兰墨西哥地乱叫，这个时候，老马突然叫起来，明天是NBA总决赛啊，有人赌小牛赢吗？大家看他一眼，继续巴西荷兰德国葡萄牙西班牙，他灰溜溜地低头吃菜，满脸寂寞。

隔了一会，招牌菜天目山鱼头煲上来，我们等射门似的安静下来，老马扫我们一眼，旧话重提：有人和我赌小牛热火吗？大家互相看一眼，接着模拟巴西和阿根廷的决赛。最后，忍无可忍的老马突然甩重磅了，他大声问，你们知道×××的老婆是干什么的？我们停下话题，都看着他。

他于是得意地骂我们一声：伪球迷了吧！我也不知道×太太干吗的。他话音未落，已经四面楚歌："伪球迷怎么啦！总比篮球迷强！""赌小牛、老牛我都没兴趣！"其实呢，没事干的时候，我们也多多少少看点NBA，看看有没有姚明上场，好歹咱们上海出去的。但是,就像塞普·赫尔伯格说的,足球比篮球更圆。人家都用脚拿球了,谁还看用手拿球啊?所以,像我这样的伪球迷,尽管是进球狂,但进到 NBA 那份上,也没足球那心跳了;再说了,足球太 TMD 有命运感了,一次射门,就一次,都够回味四年甚至一辈子,那是乒乓球排球篮球都无法抵达的存在主义,换句话说,篮球跟足球吃醋,等于写专栏的吃曹雪芹的醋,谁吃谁难看。

德国幽默大师艾哈特写过一首诗叫《足球》,最后一节是:运用下半身/是踢球的常态/运用脑袋/成为了例外。就此而言,足球早远远地逸出了其所属的体育门类,如同它在绿茵场上一次次划下的美丽弧线,足球高高地飞翔在我们的精神领空,不仅是激情的制高点,也是"新思想的征兆"。一年又一年,只有死亡能向世界杯的观众亮红牌,一年又一年,世界杯的观众在增加,在增加。

没错,我们知道,越来越可耻的足球政治逐渐污染着这个世界最后的绿地,但是,让我们嘴硬一下吧,就算踢假球就算吹黑哨,足球还是比篮球更圆。

中场休息

八强产生了,有两天的中场休息,因此半夜也就不再有哈姆雷特的苦恼:看,还是不看?

不过呢,莎士比亚刚下场,欧亨利换上来了,习惯了半夜三点的两声掷鞋声,没有"噼啪""噼啪"就睡不着了。不到东方鱼肚白,眼皮儿也不打架,说好听是痴情,说难听是犯贱。但痴也罢,贱也罢,四年一趟,一生也就二十几趟。

可是且慢,有人一趟就烫死了。事情呢,说起来也简单,小雷呢,快要当爹了,对一个球迷来说,还有比这个更好的夏天吗?试想一下,儿子将在大罗或者小罗的进球声中降临,这是多么巨大的欢乐!但是,小雷看球看痴了,人家快当爹的时候忙着给孩子取名,小雷却忙着给孩子取姓,他要孩子以后姓"罗",姓罗多牛啊!从大罗到小罗到小小罗,不管是肥的还是瘦的,都是上帝摸过脚的,孩子得姓罗!

家里人倒也不反对他，想着不过是一个疯狂的念头，世界上还有哪个男人会谦虚到出让自己的姓氏。然后，钟声响起孩子降临，出院的时候，孩子妈妈发现，自己为一个莫须有的罗氏家族生了一个叫"罗雷雷"的后代。接下来的事情，就像世界杯的进球集锦，截至目前，孩子的妈妈还没有重新出场。

国外媒体因此嘲笑我们，世界杯三十二支球队，没有一个讲汉语的，你们起劲个啥？清点世界杯期间阵亡的球迷名单，中国人倒是排名第一，你们抽什么风啊？还有你们那个被意大利灵魂附体的解说员，都是怎么回事啊？

想想好像也有点花痴兮兮，关我们屁事呀，但是，韩国人不是自嘲说："在韩国，卖高尔夫球的人多，真正能打高尔夫球的人少。"美国人说："在美国，帮篮球明星打官司的多，真正能打篮球的人少。"所以，在我们中国，一向是帮足球算命的人多，真正能踢球的人少；真正踢球的不疯魔，看球的疯魔。情形很像我班上的学生，外语好的，十六强都叫不出几支，英语成绩差的，狗日的几百个球星全部记得姓加名。

因此，中场休息，我们比看球时还煎熬。

反对德国

妖怪对女人说:"把我从瓶子里放出来,我满足你三个愿望。不过,不管你许什么愿,你老公都将得到你的十倍!"

女人连说好好好!她要成为世界上最最最美丽的和最最最有钱的女人。"砰"一声巨响,女人的愿望实现了,第一美!第一富!当然,她老公变成了拥有她十倍财富的顶级酷男。

妖怪问她第三个愿望,女人略一沉吟:"给我一点轻微的心脏病。"

很显然,这个妖怪故事,讲的是革命年代的常识:要提防睡在身边的赫鲁晓夫!比如,世界杯期间,讨厌德国队的人,就会赤裸裸地离间,波多尔斯基和克洛泽适合上场迎战波兰吗?他们身上的波兰血洗干净了吗?荷兰报纸还专门讨论,王储和王妃的婚姻会不会在世界杯期间受到考验,因为威廉王子的妻子是阿根廷人,荷兰和阿根廷又搞在一个小组了!爱王妃,爱足球,王储跑去跟贝肯鲍尔说，希望最后进决赛的是，荷兰和阿根廷。足球皇帝打哈哈，说恐怕巴西和德国会让陛下的愿望落空。

现在呢，王储和王妃的婚姻算是保住了，两人都不用各自祈祷。而且，文章开头讲的那个故事又被人加了一个新结尾，用以安慰普天下的男人：故事没有完，天下第一美和第一富的丈夫，最后得的心脏病是，比他的妻子轻微十倍！

巴西球员天下纵横，要什么有什么，但上帝跟他们开玩笑了，全世界都以为法国的心脏病要厉害十倍，没想到结果是比巴西轻微十倍。梦想照进现实，葡萄牙送走了英格兰，阿根廷剩下球迷和德国拼心跳，足球世界的贵族子弟一个个解甲归田，法国大革命最后在足球场彻底完成。

别了阿根廷，别了巴西，接下来的四支欧洲队虽然将继续把我们嗓子弄哑把我们的白天变黑夜，但是，毫无疑问，最终决赛争夺的不过是季军。足球虽然是圆的，但球迷的梦不圆，现在，让我们祈祷，年轻的德国将真正患点心脏病，是比意大利厉害十倍的那种！虽然，本届世界杯德国也够激情了，但比起亲德的裁判激情，我们一定要拿出十倍的激情来反对德国！

四年一次，就在今晚

激情无比狂野无比的《新桥恋人》，有很长一段时间，是我们的青春圣经。学蜜雪儿的样子，我们粗着嗓子站在桥头说荤话：性行为越多越快乐吗？好，让我们现场考察一下。果然，粉嘟嘟走过的男人，四天一次；愤青状的，四周一次；博导状的，四月一次。呵，专家的结论靠谱。不过，且慢，这位老兄怎么一边走一边笑呢？听他回答：四年一次。

四年一次还这么乐啊？当然，因为就在今晚！所以啊，小媳妇似的国际足联主席布拉特怯生生提出的"两年一次"，徒然地遭到了大家的哄笑。没错，人民需要世界杯，但问题的重点是，人民需要激情世界杯。就说大陆炙手可热的"超女大赛"吧，一年一次，才搞两次，已经疲软。而四年，四年才够得上请出"命运"这样的大词汇，配得上"似水流年""英雄暮年"这样的好情节。

绿茵场上灰飞烟灭，你方唱罢我登场，小贝也好大罗也好，无论克洛斯无论格罗索，或者克林斯曼或者斯科拉里，都不能免疫于时间，但毫无疑问，正是他们在时间里和我们四年一次的相遇，才显得人生如此值得等待。哦，布拉特，千万不能破坏这四年一次的节奏，否则，三十四岁的齐达内拥抱三十四岁的菲戈时，全世界球迷不会动容；否则，加时赛结束点球大战来临之际，亿万观众不会蒙着眼睛偷看最后的残酷，不，不可以更快也不能更慢，慢了，变成哈雷彗星，和普罗人生太不相关；快了，变成乒乓球来回，眼花缭乱没有高潮。

四年一次，就在今晚，世界上最大的轮盘赌已经开出。一个肝肠寸断的女友说，她要穿着齐达内的衣服，去为意大利加油。我说你这不是，"生是你的人，死是他的鬼"，如此模棱两可，为难自己也为难上帝。她却幽幽一叹，决意不再投胎，飞去柏林了。

所以，尽管小道说，黄健翔是因为赌球，在解说意澳生死赛时情绪失控，破着嗓子叫出"意大利万岁"，我却理解，那个时刻，黄健翔就是"四年一次，就在今晚"的男人。

不伪不快乐

世界杯看到今天,每天被人笑话:"你看什么世界杯?瞎混!"开始的时候,我还晓之以理:"世界杯不是体育,不是篮球排球乒乓球。"后来,恶向胆边生了,霹雳回击:"不伪不快乐!"

这么说吧,大罗一进球,笑眯眯挥挥食指,风度是风度,毕竟平常心了点;瞧厄瓜多尔一进,教练骑副教练身上,副教练又去骑候补队员,那个乐!以此类推,越是懂球越难快乐,越伪越快乐。

因为伪,我们率性地喜欢一个球队,不管他们用的是九一一阵形还是四三三阵容,喜欢的理由可以非常简陋,两颗龅牙或者一截伤腿,一场一场地,我们替小罗和鲁尼操着心,全世界都骂他们也不会影响我们的爱,而且,因为我们伪,我们轻易地找到同志扩大同盟,呀,喜欢龅牙啊,多巴哥有个黑小子也龅牙,今天为他们加油!足球政治和民族情绪乱飞的绿茵场,因为我们这些伪球迷的存在，具有了真正的纯洁性和娱乐性。

有空，跟我们伪球迷一起看球吧，那才叫乐！决赛一开场，大宝的女朋友指定会叫："怎么搞的，意大利深蓝，法兰西浅蓝，哪看得清，换白色和黑色球衣！"大宝一哥们最心疼女孩，立马附议："该制定规则，决赛球队或者穿黑或者穿白！"这样，开场二十分钟，关于决赛球衣先吵成一团，最后，忍无可忍的真球迷大宝一声吆喝："好好看球，齐达内发动了！"

可是，伪球迷哪里静得下来，东边一句"意大利打得很立体"，西边一声"法兰西玩蒙太奇"，间或着，还有人叫"妈的，吃到一个坏的小龙虾"，于是有八分钟的跑题讨论小龙虾市场和世界杯走向，这样叫着嚷着，上半场结束了，颗粒无收，伪球迷也不觉得沉闷，大家踢醒大宝，嘲笑他："嘿嘿，装什么资深球迷，都睡过去了！"

然后，真正的高潮降临，我们像大宝那样站在电视机前，看伟大的意大利左后卫更伟大，还是伟大的齐达内更伟大，那一刻，我们的快乐也更巨大，因为内心深处，我们自觉分享了一种超乎我们能力的奢侈。

后记

第一次见面的朋友会说，呀，长得和你文章不像。因为我长得规规矩矩，所以大约知道朋友的意思是，文章有些乱来。

其实我从小受的正统教育，五讲四美三热爱，听到"东方红"的曲调，总有体温上升的感觉，成年以后写文章，被人和"小资"一起谈论，时而还有点无脸见江东父老，因此，说到底并没有能力和魄力真的乱来。

可能这乱来的热情就转移到写作中了吧。生命中那些一撒手的冲动，有些人投到游戏网络，有些投到股票彩票，有些投到艺术学术，还有些献给易拉罐献给扑克牌献给房地产。常常，我很羡慕这些人。这些站在人来人往的地铁口，吻得死去活来吵得荡气回肠的情侣，也是需要很大勇气吧。

没有勇气在生活舞台上折腾，夜深人静的时候，我有时会觉得自己错过了许多快乐时光，没有逃学去过少林寺，没有烫过阿飞头，没有为一个男孩或者一个理想关山飞渡，涌起过的激情又退回原处，热爱过的诗句还在纸上，荷尔蒙过剩的时候，我写专栏。我很感谢林行止先生、骆友梅女士和陆灏，收在这本书里的一百来篇文章，都是《信报》上的专栏，如果不是他们，写专栏的利比多很可能拿来害人害己。

不过，专栏写了七年，经常也有特别风平浪静的日子，所以，感谢子善老师和宝爷沈爷，他们不仅示范了精彩人生，还示范了人生可以多么有弹性，既可以弹无虚发，又可以弹弹虚发。虽然宝爷喜欢说自己是活着的虚构人物，但我向亲爱的读者保证，关于他们的故事不是乱说。要感谢的师友是那么多，谢谢孙甘露老师，光是和他同在上海屋檐下，就让很多人忌妒，他为这本小书赐序，让我有些忘乎所以。

要感谢我的同门师友，经常听他们热血沸腾地指点江山，时时提醒我专栏的责任，可以大到鲁迅的承担。这些年世事翻滚，饭桌上开始有朋友称呼我"左派毛"，当然这是调侃，不过我打心眼里愿意在这个时代做个左撇子，尽管不够格。

这些不够格的文章一直放在电脑里，如果不是朱耀华先生家人一样的耐心和宽容，它们还会继续呆在电脑里。朱先生第一次向我约稿的时候，乔乔一岁，现在他五岁，四年来，朱先生一直用温暖的电邮和短信鼓励我，付出的热情令我铭记一生。这本小书，理当献给朱先生。

还有很多朋友要感谢,但就像戴望舒诗歌说的,我不敢说出你的名字。

最后,谢谢亲爱的读者。

2009 年 4 月 1 日

七年

再版后记

　　距离《乱来》第一版出来已经整整七年。据说人的细胞平均七年完成整体的新陈代谢，七年之痒于是成了不以爱情意志为转移的物质事实，玛丽莲·梦露站在地铁通风口，你爱她或者不爱她，都是人性。

　　从《旧约·创世记》开始，"七年"就是人间魔法。雅各看到拉结，立马爱上了她，为了同她结婚，甘愿为她父亲牧羊七年。但是婚礼的夜晚，却是拉结的姐姐进了洞房。为了拉结，雅各只好继续放牧七年。左七年右七年，瑞士作家彼得·施塔姆写了《七年》，似乎跟《创世记》的七年作了对话。不过，我更喜欢的是英国BBC做的纪录片《七年》。1964年，这部纪录片采访了英国十四个不同阶层的七岁孩子，此后每隔七年，导演都会重新采访当年的十四个主人公。14岁。21岁。28岁。35岁。42岁。49岁。

56岁。从儿童到老年，穷人家孩子小时候的愿望是跟亲生父亲见个面或者不被父亲打，富人家的孩子准备进牛津成为牛人，他们大半各自实现愿望，七年又七年，穷人还在发福，富人依然美貌。

不过，阶级批判没有削弱纪录片的诗意和幽默，如果这就是生活，"那么让我成为没有错过其中任何一部分的人"。这句话，也概括了亨利·詹姆斯小说《一位女士的画像》中主人公的生活态度，伊莎贝尔嫁错了人，但是，当生活向她提供再一次的可能时，她却选择回到过去的生活，去承担自己的选择。

当朱耀华老师来跟我说，他打算重印《乱来》，莫名其妙我想到了詹姆斯的这部小说。我把朱老师看成伊莎贝尔了，他明明可以有更好的作者更大的印数，但是他选择重印《乱来》。这事情，读者朋友们，如果你看不懂，我也一样为朱老师捏把汗。不过，我侥幸地想，谁知道呢，也许过去能重新发芽，就像伊莎贝尔的回程也不是没有人支持。

小书的印刻版，蒙初安民先生力邀，唐诺先生曾经赐序，此次再版，一并收入。感谢初安民先生感谢唐诺先生。

七年前，因为有孙甘露老师的序，《乱来》才敢出门。孙老师的鼓励，会一直铭记。

感谢生活。感谢七年以后还愿意支持我的读者。

2016年6月11日

图书在版编目（CIP）数据

乱来 / 毛尖著. —上海：文汇出版社，2016.9
ISBN 978-7-5496-1744-9

Ⅰ.①乱… Ⅱ.①毛… Ⅲ.①随笔－作品集－中国－当代 Ⅳ.①I267.1

中国版本图书馆CIP数据核字（2016）第117940号

乱来

著　　者	毛　尖
责任编辑	朱耀华
装帧设计	张志全

出版发行　文汇出版社
　　　　　上海市威海路755号
　　　　　（邮政编码200041）

照　　排	南京理工出版信息技术有限公司
印刷装订	上海雅昌艺术印刷有限公司
版　　次	2016年9月第1版
印　　次	2016年9月第1次印刷
开　　本	850×1168　1/32
字　　数	110千字
印　　张	9
印　　数	1–6000

ISBN 978-7-5496-1744-9
定　　价　42.00元